UNPLUGGED PARENTING

限屏教育

让孩子不沉迷屏幕的科学方法

［英］伊丽莎白·基尔比 ◎ 著
蒋爱华 ◎ 译

浙江文艺出版社
Zhejiang Literature & Art Publishing House

UNPLUGGED PARENTING: A MINDFUL APPROACH TO RAISING CHILDREN IN THE DIGITAL AGE by Dr Elizabeth Kilbey © 2017
This edition arranged with Furniss Lawton
through Andrew Nurnberg Associates International Limited
版权合同登记号 图字：11-2019-194 号

图书在版编目（CIP）数据

限屏教育 : 让孩子不沉迷屏幕的科学方法 / (英) 伊丽莎白·基尔比著 ; 蒋爱华译. — 杭州 : 浙江文艺出版社, 2019.9
 ISBN 978-7-5339-5770-4

Ⅰ. ①限… Ⅱ. ①伊… ②蒋… Ⅲ. ①互联网络 – 影响 – 青少年 – 研究 Ⅳ. ①C913.5

中国版本图书馆 CIP 数据核字 (2019) 第 164019 号

限屏教育：让孩子不沉迷屏幕的科学方法

［英］伊丽莎白·基尔比 / 著　蒋爱华 / 译

责任编辑　罗　艺
特约印制　方贤慧

出　　版	浙江文艺出版社
地　　址	杭州市体育场路 347 号　邮编 310006
网　　址	www.zjwycbs.cn
经　　销	浙江省新华书店集团有限公司
印　　刷	天津行知印刷有限公司
开　　本	710 毫米 × 1000 毫米　1/16
字　　数	167 千字
印　　张	14
版　　次	2019 年 9 月第 1 版
印　　次	2019 年 9 月第 1 次印刷
书　　号	ISBN 978-7-5339-5770-4
定　　价	48.00 元

版权所有　违者必究
（如有印、装质量问题，请寄承印单位调换）

致：瑞塔和若伊

本书所呈现的所有案例均来自我临床工作中接触到的真实家庭。为了保护其隐私，所有案例中的名字和个人信息均已修改或隐匿。

前言

为什么我们需要限制孩子的屏幕时间

我们孩子的生活里有一枚定时炸弹。

这枚炸弹就在我们的学校、幼儿园里,家庭的卧室、客厅里。它存在于几乎所有的房顶下,一天 24 小时随时都可以接触到。它不但对孩子们的大脑发育、言谈举止,甚至体重和身体发育都产生极为不利的影响,而且大大改变了孩子们玩耍、社交以及消遣的方式,在无数的家庭中引发"战争"。

这枚炸弹就是电子屏幕。更令人忧心如焚的是,大部分家长在让孩子停止使用电子屏幕或者改变他们使用电子屏幕的方式等方面,都感到无能为力。

作为一名经验丰富的临床儿童心理学家,我已经帮助过成百上千的儿童和他们的家庭。我亲眼目睹了电子屏幕给这些家庭带来的种种困惑,这些困惑远甚于其他任何问题,这已经成为现代育儿领域最常谈论的话题。

大部分家长都极度担忧电子屏幕占用了孩子们太多的时间。但是这其中的危害究竟有多大，他们其实并不了解，如何解决这个问题更是令他们困惑不已。在2016年底，英国通信管理局（Ofcom）宣布，网络已经取代电视首度成为英国儿童最主要的消遣方式。最近的研究也显示，超过一半的英国家长担心自己的孩子已经对电子屏幕上瘾，另外47%的家长则忧虑孩子们的屏幕时间太多了。与此同时，几乎还没有一个权威的官方指导来告诉家庭如何控制电子屏幕的使用。很自然的，家长们会感觉迷失、困惑，甚至恐惧。

  一个让人不安的事实是，社会和家庭对孩子长时间使用电子屏幕所造成的影响至今没有充分的认识，然而，我们现有的证据却已经足够令人忧心忡忡，我将会在本书中一一展示。我在工作中接触到的那些孩子中，有不少已经因为屏幕而受到了深远的负面影响。我常常看到这样的例子：青少年因为沉迷于上网，其睡眠和在学校的表现受到了严重影响。一个14岁的男孩子每天上网达到19个小时，他拒绝上学，甚至拒绝离开自己的卧室。有人可能会认为这是个极端的事例，令人遗憾的是，这样的例子已经屡见不鲜。儿童因为过分专注于网络，宁可尿湿裤子也不肯挪动脚步上厕所。我治疗过的一个孩子，因为不愿意离开网络游戏半步，甚至于已经习惯在卧室里用外卖餐盒接大小便。在我20年前刚开始做临床心理医生的时候，类似这样的案例可以说是闻所未闻。20年前网络还并不普及，不像现在这样随处可以上网。那时候，我根本无法预料到网络居然会以这种方式进入我的工作中，入侵孩子们的生活。

为什么使用电子屏幕会成为一个问题

太多的屏幕时间会导致孩子长时效的大脑损伤

太多的上网时间会"引发孩子的精神疾病"

家长们几乎每天都能看到这样吸引眼球的新闻标题：太多的屏幕时间正在伤害我们的孩子。我们不知道该做出什么样的反应，因为很多时候我们会认为这和自己的家庭无关。为什么会这样呢？在我看来，是因为我们自身的成长经历中并不存在使用屏幕的问题。

人是从自己的成长经历中学习为人父母的。有一个心理学术语叫"内在运作模式"，它指的就是我们从自己的成长经历和所接受的家庭教育中提炼出来一个自己的家庭教育模式。我们都有一套做事情的准则来指引我们的种种行为，比如说，孩子应该吃什么、什么时间吃饭、什么时间睡觉等等。这就是家族一代代传下来的"道德地图"。你在这些育儿问题上所做出的决定，很大程度上受到你自己幼年生活的影响。是全家人围坐在一起吃饭，还是孩子先吃父母后吃？几点钟睡觉？小时候是否有父母陪睡？这些问题是每一代人都会遇到的。然而，我们的孩子却面临着人类历史上从未有过的一种状态。作为"数字新生代"，他们一出生便浸润在一个数字媒体的海洋中。他们的生命体验、学习和家庭生活几乎全部受到来自数字媒体前所未有的强大冲击。孩子们一出生，各种数字仪器就成了他们生活的一部分。就在几年前，孩子诞生的消息还只能通过报刊或者手写的卡片来通告亲戚朋友。现在，却可以通过电子邮件、短信、脸书（Facebook），或者照片墙（Instagram）来传达。而且极有可能的是，家长们会在产房就用智能手机或者平板电脑给刚出生的小宝宝拍照。最近有一个研究发现，因为接触数字仪器太多，三分之一的小宝宝在学会走路说话之前就学会使用智能手机了。

已经成为父母的我们在自己的童年中从未经历过数字化生活。我们的成长经历中没有太多的电子屏幕，我们的父母也从来没有管过我们如何使用电子屏幕。因此在管理孩子使用电子屏幕这个问题上，我们的内在运作模式是一片空白的，而这正是麻烦所在。我们成为人类历史上面对这个挑战的第一代家长。与此同时，我们被大量互相矛盾的信息包围，从假科学到媒体的可怕故事，都在试图告诉我们如何控制孩子使用屏幕。我们总是忧心忡忡。数字时代究竟会给孩子造成什么样的影响？使用电子屏幕会不会导致孩子早熟？孩子会不会因为沉浸在数字世界中而过早失去童真？电子屏幕是否会对孩子的专注力造成负面影响，甚至导致多动和暴力行为？数字设备会不会让孩子上瘾？如果不让孩子接触数字设备，会不会妨碍他们的教育和社交？

我们不妨把数字设备拿来和糖做一个比较。糖是引发孩子们健康危机的重要因素之一。大部分家长都不会把一大罐饼干交给孩子让他们随便想吃多少就吃多少，想什么时候吃就什么时候吃，可是不少家长想都不想，就把智能手机和平板电脑交给孩子，而且从不加以任何限制。电子屏幕对孩子的影响难道真的不如糖对孩子的影响那么大吗？

数字时代对孩子造成的种种影响越来越令我担忧。正是这种担忧驱使我写下了这本书。我亲身见证了种种变化：过去孩子们通过玩具和想象获得富有创造性的体验；现在他们却独坐在屏幕前，一看就是好几个小时。家长们也看到了那些沉浸在网络中难以自拔的孩子。他们不听父母的话，拒绝做功课。每次让他们停止使用屏幕都演变成一场"战争"。每天早上起床，他们的第一句话就是："我可以玩电脑吗？"

话又说回来，其实现在的社会也没有那么糟糕。相反地，数字化给我们带来了极大的社会进步。比如说，作为治疗的一部分，现在我会给孩子们播放油管（YouTube，视频网站）视频，或者建议家长到一些网站上获取所需要的信息。为了增进沟通，我还会和孩子们交流他们喜欢的电子游戏。在工作方面之外，我也体验到了数字时代对我个人的冲击。作为3个孩子的母亲，我太清楚数字化对家庭教育的冲击了。我最大的孩子在11岁的时候拥有了自己的手机，14岁开始拥有平板电脑。我最小的孩子在4岁就开始使用平板电脑，在学会写字之前就已经会在YouTube上搜索自己喜欢的视频。如何恰到好处地把现代科技融入家庭生活中，同时又与之保持距离？在这个问题上，我也曾经挣扎过。现在我真心希望把自己的经验分享给所有的父母。我希望帮助家长们了解网络世界的危害，从而更有信心地面对和处理孩子们使用屏幕的问题。

是否应当禁止孩子们使用屏幕

我并不赞同禁止孩子们使用屏幕。在心理学领域的工作以及和孩子们相处的经验告诉我，必须如实地面对问题，并采取现实可行的解决方案。在现代社会，要完全禁止屏幕几乎是不可能的。孩子们必须要用屏幕设备来完成大量的作业，有的学校甚至还给学生们发放平板电脑。在这样一个数字化的时代，是留下还是离开？家长们几乎没有选择的余地，我们只能直接面对。

来自"专家"的官方建议总难免和孩子们的实际家庭生活产生脱节，就好像节食减肥一样，纸上写得非常好，可是要付诸实践却往往非常困难。我的工作需要我走进许多家庭，而每次跨进家门，几乎都会听到一个大人的声音在嚷嚷："关掉你的平板（或手机、电脑）！"

单纯禁止并不可行，那么如何是好？我认为最重要的是教育孩子，并帮助他们培养良好的屏幕使用习惯。家长们应该主动和孩子们谈论网络世界，帮助他们与屏幕形成良好的关系。希望家长们能够了解，让孩子们无限制地使用网络一定会引发一连串的问题。在睡觉、作业和行为方面，我们需要给孩子定下规矩。使用屏幕也同样需要规矩。在出现问题之前，家长们就需要尽早帮助孩子养成良好的屏幕习惯。我遇到很多家长都是等孩子到了青春期才意识到屏幕已经成为一个大问题。糟糕的是，等到孩子十几岁的时候再来管制孩子的屏幕使用已经太晚。孩子们一旦在屏幕前花费了太多时间，他们的行为模式就已经建立起来。此时家长再要夺回控制权，难度就大了很多，别忘了青春期正好还是激素分泌最为旺盛的阶段。

养成良好的上网习惯，避免孩子对屏幕成瘾的最佳年龄是人格发展潜伏期（学前班和小学阶段）。

什么是潜伏期，为什么潜伏期很重要

从心理学的角度来看，人格发展的潜伏期（4～11岁）[①]是儿童发育中最为重要的一个阶段。然而，这个阶段恰恰是家长们放松警惕的时候，也是最容易被家长们所忽视的一个阶段。介绍婴幼儿与青少年的书籍随处可见，介绍潜伏期发育状况的书籍却极为罕见，这个阶段孩子的家长们能够获得的支持和建议也更少。这种现状实在令人感到不安。

在孩童生命的最初几年里，他们会达到一个又一个的发育里程碑。他们翻身，坐起，爬行，走路，咿呀学语，还有说话。这个阶段需要父母呕心沥血的养育。幸运的是，家长们往往能够获得大量的支持和建议

---

① 需要说明的是，4～11岁是伊丽莎白·基尔比博士认为的人格发展潜伏期。这一阶段的儿童是她的研究对象；她在第一章讲到的"潜伏期孩子的发育里程碑"与中国孩子的情况有些差异，这与中英文语言特点不同和超前教育等因素有关，家长参考时应综合考虑。——译者注

（比如说医护人员的上门拜访，还有众多书籍，从睡眠、断奶、哭闹，到如厕训练，家长们可以轻松获得大量详尽的育儿信息）。好不容易等到孩子上了小学，家长的生活一下子轻松很多。学龄儿童已经达到了大部分的发育指标，尤其是运动和社交能力方面。他们获得了独立性，可以独立走路、说话，可以自己穿衣服。学龄儿童已经度过了幼儿的哭闹期，尚未到达青春叛逆期。他们的生长发育速度减缓下来，一切似乎变得更加安稳、平和。

表面上平静的这段时间其实是儿童发育一个非常关键的阶段。表面的"安宁"就好像冬天的蛰伏，地面上一片荒芜，地底下却潜藏着重要的东西。

这个阶段，儿童的大脑具有高度的可塑性。儿童生活中的种种经验都在塑造着他们的大脑。有了现代神经科学研究，我们才认识到儿童的大脑在持续不断地对生活经验和环境做出反馈，从而建设新的神经通路。基于这样的认识，我们更有必要认真思考孩子们需要得到什么样的经验。潜伏期恰恰也是屏幕开始对孩子们产生强大吸引力的时候。如果在这样一个关键阶段，孩子们长时间对着屏幕，必定会对他们发育中的大脑产生不利的影响。同样，如果他们把大量时间花在屏幕上，那么就会错失发展社交技能和情绪技能的良机，而这是日常生活中不可或缺的两种重要技能。

在潜伏期学习掌握情绪技能对于青春期来说具有相当重要的意义。潜伏期在为青春期的巨大身心变化做好准备，储存能量。小学生往往心态更加开放，更加容易接受训导。他们就好像海绵一样吸收着大量的信息。这些信息会帮助他们更好地认识自己身边的世界，为青春期的狂风暴雨做好充分准备。在潜伏期里，孩子们开始建设自我认同，发展兴趣爱好，并且形成自己的社交关系。他们进入了学校这样一个更大的社交圈，开始认识新的朋友，拥有更多家庭之外的生活经验，他们开始形成自己的想法和兴趣。

这个阶段对于家长来说也特别重要。孩子独立性增强后，父母可以享受到更多的个人空间。但是我们同时也需要和孩子建立稳定安全的关系纽带，为即将到来的叛逆期做好准备。

然而，这个快速变化的数字世界却极大地干扰了潜伏期所需要的平静和稳定的发育。屏幕时间引发了无数家庭内部的新战争。世界各地的每个角落里几乎都有父母和孩子为了上网时间的长短发生争执。潜伏期的孩子尚未成长为青少年，独立性尚不健全。这个阶段正是父母们帮助孩子养成良好的屏幕习惯、注意网络安全，并且做出谨慎判断的窗口期。

潜伏期最重要的是社交——交朋友，并获得更强的自制力和独立性，为成年做好准备。然而，假如孩子们整天黏在屏幕前，我们很可能会养育出低社交技能的孤独一代。等他们成长为青少年，过分依赖屏幕（甚至对屏幕上瘾）将对他们的生活产生巨大威胁，从交朋友的能力到学习成绩都会受到恶性冲击。剑桥大学曾经对 800 名 14 岁少年进行调查，同时分析他们的 GCSE 成绩（General Certificate of Secondary Education，中等教育普通证书），结果发现，每天在屏幕上多花一个小时，孩子的 GCSE 平均降低 2 分。

在本书中，我将在以下几方面进行扩展：

（1）帮助父母理解过多屏幕时间对潜伏期孩子的危险性。

（2）提醒父母注意不同发育阶段的孩子有可能出现的危险信号。

（3）给父母们提供一些方法来预防屏幕问题，帮助父母培养出健康且均衡发展的孩子。

（4）假如孩子已经有了不良的上网习惯，父母应当如何夺回控制权，建设安全的家庭氛围，帮助孩子良性使用屏幕。

目录

前　言

第一章
屏幕时间对潜伏期儿童的影响　　　　　　/001

第二章
拥有屏幕设备　　　　　　　　　　　　　/033

第三章
上网时间——多长是太长　　　　　　　　/049

第四章
屏幕时间如何影响孩子的身体健康　　　　/063

第五章
网络成瘾　　　　　　　　　　　　　　　/077

第六章
社交媒体和年龄限制　　　　　　　　　　/091

第七章
网络风险和保护儿童安全　　　　　　　　/109

第八章
特殊孩子的网络世界　　　　　　　　　　/127

第九章
过多屏幕时间和暴力的关系　　　　　　　/143

第十章
让屏幕时间不再成为战场　　　　　　　　/157

第十一章
好消息——屏幕时间的益处　　　　　　　/171

第十二章
为什么家长也需要限屏　　　　　　　　　/179

致　谢　　　　　　　　　　　　　　　　/201

译后记　　　　　　　　　　　　　　　　/203

第一章

屏幕时间对潜伏期儿童的影响

一些全球知名的"科技领袖"在自己家里都严格控制孩子使用科技产品。乔布斯曾说:"在孩子们使用科技产品这个问题上,我们限制得很严。"

CHAPTER

1

CHAPTER 1 第一章 屏幕时间对潜伏期儿童的影响

在身体发育、游戏、学习、专注力和社交技能等诸多方面，屏幕会如何影响孩子

我在英国国家荣誉协会工作了近二十年，成为一名临床儿童心理学家也已有十余年。在漫长的行医生涯中，我看到了儿童心理问题的种种变迁。最令人吃惊的是出现心理问题的年龄在逐渐减小。与此同时，我也在工作和生活中见证了技术的飞速发展。我坚信幼儿面临的某些问题正是和他们越来越早接触科技有关。就像我在前言中所说的那样，我最关注的孩子是儿童期的中间阶段，也就是常常提到的潜伏期。

在过去的十年里，英国孩子们上网的时间几乎增加了一倍。2005年，8~15岁孩子上网的时间大概是每周6.2个小时。2015年，这个时间增长到15个小时。上网的年纪也在降低。根据英国通信管理局（Ofcom）的报告，2014年，只有47%的3~7岁儿童使用过平板电脑上网。2015年，这个数字增长到61%。

越来越多的儿童开始使用屏幕，而且他们上网的时间在飞速增长。我的工作是帮助儿童和家庭，从应对日常事务，处理家庭面临的挑战，到严重的精神健康难题，都在我的工作范围内。我尤其专注于行为管理，帮助孩子处理各种问题，包括焦虑和情绪低落。我也帮助家长理解孩子

行为背后的原因,并协助家长给孩子提供更好的支持。正是在帮助青少年的过程中,我才得以透视到现代青少年的生活点滴。

我帮助过很多家长,他们中的大部分都担心上网会对孩子造成负面影响。每次家长从孩子手里拿走数字设备的时候,孩子都会大哭大闹。一旦没有屏幕,孩子就会感到无聊,什么都不想做。这些家长本能地感觉到屏幕正在对自己的后代造成极其不好的负面影响。很多专家也为了这个问题困惑不已。在2016年的圣诞节,《家长》杂志刊登了40位临床医生、学术专家和作家的公开信。在公开信里,他们坦承了自己的担忧:处处是屏幕的生活方式会严重伤害孩子的身心健康。"越来越少的户外活动"和"越来越多的屏幕时间"正在严重侵蚀着孩子的健康。他们写道:"自我调节能力和情绪调节力是在现代科技社会中生存所不可或缺的两种能力。儿童要在这样的社会中茁壮成长,就必须和抚养者之间形成从容不迫的关系,并且有足够多的户外游戏让孩子们进行自我引导。这对于 0 ~ 7 岁的儿童来说尤为重要。"这些专家呼吁国家为 12 岁以下儿童制定一个屏幕使用指南。

有趣的是,一些全球知名的"科技领袖"在自己家里却严格控制孩子使用科技产品。他们的孩子很少甚至压根不使用科技产品。一位记者曾对乔布斯说,他的孩子们一定特别喜欢最新版的平板电脑。乔布斯回答说:"他们从来没有用过平板电脑。在孩子们使用科技产品这个问题上,我们限制得很严。"据报道,硅谷的很多执行官把孩子送到华德福学校。在那里,12 岁以前绝对禁止使用任何屏幕。

然而,屏幕究竟会对我们的孩子——以及他们的童年造成什么样的影响呢?为了更加清晰地阐述这个问题,我将潜伏期孩子的发育里程碑按照不同年龄阶段一一列出来。

CHAPTER 1　第一章　屏幕时间对潜伏期儿童的影响

4 岁

社会 / 情绪	语言 / 交流
大部分孩子： ● 乐于尝试新事物 ● 过家家，扮演"妈妈和爸爸" ● 在假装游戏中拥有丰富创意 ● 喜欢和小朋友一起玩，而不是独自一人 ● 能够和其他孩子合作 ● 不能区别真实和假装。常常谈论自喜欢的和感兴趣的东西	孩子将： ● 知道一些基本的语法，比如说能够正确使用"他（he）"和"她（she）" ● 凭借记忆唱歌或者背诵诗歌 ● 讲短小的故事 ● 会说出自己的名和姓

限屏教育
UNPLUGGED PARENTING

4岁	
认知（学习、思考、解决问题）	运动 / 身体发育
孩子应该能够： ● 说出几种颜色和数字 ● 理解数数的含义 ● 开始理解时间概念 ● 能够记住故事的某些部分 ● 理解"相同"和"不同"的区别 ● 画作中的人出现身体的 2~4 个部位 ● 使用剪刀 ● 能够抄写一些大写字母 ● 玩一些简单的桌游或者卡片游戏 ● 告诉你他们认为书中的故事接下来会怎么发展	孩子应该会： ● 单脚站立或者单脚跳，持续超过两秒钟 ● 大部分时候能够抓住弹跳的球 ● 在大人帮助下倒水、切东西，以及捣碎食物

CHAPTER 1　第一章　屏幕时间对潜伏期儿童的影响

5 岁

社会 / 情绪	语言 / 交流
大部分孩子： ● 希望让朋友开心 ● 希望和朋友一样 ● 喜欢服从规则 ● 喜欢唱歌跳舞和表演 ● 产生性别意识 ● 能够区别真实和虚假 ● 更加独立 ● 有时候很执拗，有时候非常配合	孩子将： ● 发音清晰 ● 用完整的句子讲一个简单的故事 ● 会使用将来时态（比如说，"奶奶明天会过来"）

5 岁

认知（学习、思考、解决问题）	运动／身体发育
孩子应当会： ●数到 10 或者更多 ●画作中的人物出现至少 6 个身体部位 ●写一些字母或者数字 ●画出三角形或者其他一些几何图形 ●了解日常生活中经常接触的东西，比如说钱币和食物	孩子应该会： ●单脚站立超过 10 秒钟 ●能单脚跳或者换脚跳 ●前滚翻 ●会使用勺子和叉子，甚至刀 ●独立使用马桶 ●荡秋千和攀爬

CHAPTER 1　第一章　屏幕时间对潜伏期儿童的影响

6 岁

社会 / 情绪	语言 / 交流
大部分孩子：	孩子将：
● 会产生恐惧心理，比如害怕怪物或者大型动物	● 能准确发出大部分的语音，不过某些单词的发音还是比较困难
● 希望父母能够和自己游戏。父母是他们最主要的伴侣和情感寄托。然而这种需求会逐渐转移向朋友或者他们仰慕的人，比如说老师	● 能够流畅地表达自己，喜欢说话，一开口就停不下来
● 游戏中包含大量的想象和幻想	● 他们说的话基本上意思清晰，大部分句子语法正确
● 喜欢当老大，喜欢照顾小朋友	● 描述事物的能力逐渐增强，开始描述细节
● 通常和同性朋友玩耍	● 认识到自己不认识某些单词，并主动询问
● 能在父母或者其他抚养人的鼓励下理解别人的感受，不过他们更主要关注的还是自己	● 能够认出至少 10 个简单的字，比如说天、王，并开始读简单的书本
● 开始发展出幽默感。他们可能会喜欢简单的笑话、有趣的书本和押韵	● 能够准确地抄写短小的单词。有可能在不需要帮助的情况下写字
● 可以看图说话，按时间先后来讲故事。还会预期一件事情之后会发生什么，比如说放学后去公园	● 画作会出现更多的细节，显得更加成熟
	● 往往能够数到 100，理解"全"和"半"的概念，可以反向重复 3 个数字

6 岁

认知（学习、思考、解决问题）	运动／身体发育
孩子应当会： ● 说出自己的年龄 ● 能够理解"10"的含义，比如说可以数10块糖果 ● 学习使用语言来表达自己 ● 开始学习写字 ● 开始理解时间的概念	孩子应该会： ● 开始换牙齿 ● 身体的感知力和平衡力增长 ● 协调力增强——他们会单脚跳、换脚跳、双脚跳，在矮墙上或者平衡木上稳步行走，用手接球，并且不让球接触到自己的胸部，可能会骑自行车 ● 能够区分左右 ● 精细运动技能增强，能够很好地握笔，能够更加准确地书写和画画 ● 能够自己穿衣服，自己解开或系上鞋带 ● 能够进行需要更多专注力的游戏，比如说复杂的拼图，用积木搭建复杂结构

CHAPTER 1　第一章 屏幕时间对潜伏期儿童的影响

7 岁

社会 / 情绪	语言 / 交流
大部分孩子： ● 更加独立 ● 渴望被朋友喜欢和接受 ● 能够轮流参与和协作活动 ● 会和其他孩子产生强烈的情感链接，会给其他孩子大量支持，有可能拥有最好的朋友 ● 倾向于和同性一起玩耍 ● 会玩桌游。能理解游戏规则，但是常常希望按照自己的意愿修改或者增加规则（有可能的话还会作弊） ● 不再像以前那样显得无忧无虑。他们对现实的认识增强，开始思考未来。这个年龄的孩子开始怀疑圣诞老人的真实性 ● 开始担心自己不受欢迎	孩子将： ● 已经掌握了绝大部分的语音，说话流畅 ● 能够描述常见物品，并且解释其用途。能够依从包含 3 个元素的指令 ● 对身边的环境感到好奇，喜欢时间长的谈话、讲笑话或者模仿口音 ● 能够独立阅读，喜欢适合自己年龄的书本 ● 能够写不少字，画出更加复杂的形状，比如菱形。理解一些特殊符号，比如 & 和 = ● 画作包含更多细节（比如说画房子会有道路、花园和天空） ● 能够读出表盘显示的时间

7 岁

运动 / 身体发育

孩子应该会：

- 协调力很强。精力旺盛，热衷于显示自己的体能
- 能够骑自行车、双手倒立
- 渴望练习改善自己的技能：他们可能开始对某些活动产生兴趣，比如攀爬、游泳、舞蹈或者足球
- 能够自己轻松地穿衣服，书写清晰，熟练使用剪刀。他们多喜欢制作模型，绘画以及完成手工作品

CHAPTER 1　第一章　屏幕时间对潜伏期儿童的影响

8 岁

社会/情绪	语言/交流
大部分孩子： ● 喜欢和朋友们在一起。朋友的意见变得越来越重要。同伴的压力有可能成为严重问题 ● 参加固定的团体活动，以增强自己的安全感 ● 更愿意服从自己参与制定的规则 ● 情绪变化快，常常爆发怒火 ● 对别人尤其是父母挑剔，看起来像在演戏，有时候甚至变得粗鲁 ● 会很不耐烦。他们想要即时满足，难以延迟享乐 ● 对钱感兴趣。有的孩子可能会痴迷于存钱，开始有计划地挣钱和花钱	孩子将： ● 语言能力很强，大部分时候语法正确 ● 喜欢阅读。对于某些孩子来说，阅读是他们最喜欢的活动 ● 仍在继续改进书写作业中的拼写和语法。书面语言的发展跟不上口语发展

8 岁

认知（学习、思考、解决问题）	运动 / 身体发育
孩子应当会： ● 会数双数（2、4、6、8、依此类推），会以 5 为单位来计数（5、10、15、20，依此类推） ● 知道今天星期几，但是还不知道年月日 ● 会读简单的句子 **他们倾向于：** ● 对事情的判断非黑即白：棒极了或者糟透了；丑陋或者美丽；对或者错 ● 一次只能集中于一个特点或者想法，难于理解复杂的情况	**孩子应该会：** ● 系鞋带 ● 画菱形 ● 画作中的人出现 16 个身体部位 ● 在兴趣爱好、体育和主动游戏中的技能飞速发展

CHAPTER 1　第一章　屏幕时间对潜伏期儿童的影响

9岁

社会 / 情绪	语言 / 交流
大部分孩子： ● 情绪更加成熟稳定，更善于处理自己的挫折和冲突 ● 有可能产生情绪波动，容易爆发怒火，但是他们开始能够更好地处理自己的情绪并且更快地恢复常态 ● 已经过了相信"床底下有怪物"的年纪，更能释放内心的恐惧 ● 对成功的渴望有可能给他们带来压力。可能会因为学业而感到焦虑 ● 更加独立，但是仍然需要来自父母的支持和安全感	孩子将： ● 语言表达能力接近成人水平。他们可以理解并且使用大量的词汇以及复杂的句子结构 ● 能够更加独立地思考，提前做好计划，能够进行批判性思考。做决定和整理的技能增强 ● 专注力增强，对世界运作的方式产生强烈的好奇心 ● 会长时间专注于自己感兴趣的活动。可以进行深度阅读，就一个主题进行展开，并且分享自己的观点 ● 理解物品可以归类，喜欢收集东西 ● 能够进行多位数加减法。能够理解和使用分数，并且整理数据 ● 能够对一个事件和话题给出详细解说。能够完成学校安排的更加复杂的课题。然而部分孩子可能会觉得来自学业的挑战难度越来越大，难以应付

（续表）

9岁

社会／情绪	语言／交流
	● 渴望产生归属感，更多通过同龄人来定义自己。有强烈的团队意识，显示出对团队的忠诚 ● 热切期盼离开父母和家庭去做一些事，比如说去朋友家过夜 ● 通常有其他成人榜样，比如说老师或者体育教练。同时他们也更多地受到同龄人的影响，来自同伴的压力增大 ● 了解社会规则，大部分时候言行中规中矩 ● 更加珍惜属于自己的物品。对错观念强烈。很多孩子在这个年纪都会有更强的社会意识，会表达自己的公平意识，帮助别人，努力使世界变得更美好

CHAPTER 1　第一章　屏幕时间对潜伏期儿童的影响

9 岁

运动 / 身体发育
● 青春期发育随时会开始。男孩和女孩的身体发育开始出现较大的差异 ● 男孩和女孩都在持续长高增重。身体的力量和协调性增长 ● 女孩的身高增长更早,可能比同龄男孩更高更重

10 岁

社会 / 情绪	语言 / 交流
大部分孩子: ● 喜欢和自己的朋友在一起。他们通常会有一个最好的同性朋友 ● 喜欢团队活动 ● 坚持认为自己对异性不感兴趣。但是他们可能会通过某些方式来获得异性的注意并产生互动,比如说炫耀、取笑或者故意装傻 ● 喜欢自己的父母,并且听父母的话。一些孩子开始显示出对处于掌控地位的成人的不耐烦或者缺少尊敬	孩子将: ● 喜欢读书。他们会主动寻找杂志书籍来了解自己特别感兴趣的事情 ● 能够轻松和各个年龄段的人聊天说话的模式几乎接近成人水平

限屏教育
UNPLUGGED PARENTING

10 岁

认知（学习、思考、解决问题）	运动/身体发育
孩子应当会： ● 知道完整的日期（星期、年月日） ● 按照顺序排列 12 个月份 ● 能够阅读和理解一个由复杂句子组成的段落 ● 开始阅读章节书 ● 加减法更加熟练，开始掌握乘除法和分数 ● 已经学会小写字母的书写 ● 能够写简单的故事	孩子应该会： ● 大肌肉和小肌肉的控制力得到很好的发展。他们喜欢一些能够展示这种控制力的活动，比如说篮球、舞蹈和足球 ● 忍耐力增强。很多孩子能够跑步骑单车。喜欢参与强度大的锻炼活动 ● 清晰书写和精细艺术所需要的精细运动技巧继续增强

屏幕如何影响我们的孩子

接下来我会列出我见证到的数字设备给潜伏期孩子带来的巨大变化。

健康问题

我见到了非常多因过度依赖数字设备而不能达到发育里程碑的例子。在潜伏期早期（4～5 岁），越来越多孩子的大肌肉运动能力减弱。因为在屏幕前坐的时间太长，这些孩子还无法正常走路。举个例子，他

CHAPTER 1　第一章　屏幕时间对潜伏期儿童的影响

们不会双脚交替上下台阶，还像两三岁幼儿那样上下楼梯。这些孩子的大肌肉运动技能没有得到很好的发展，缺少足够的敏捷性和协调性来完成单脚跳、换脚跳和双脚跳，也难以保持平衡。还有一个令人担忧的现象：双眼紧盯着屏幕的孩子多数都是瘫坐着，这意味着他们的核心力量并没有得到锻炼（核心力量指环绕在我们躯干周围的肌肉的力量，包括腹肌、髋部肌群以及与脊椎和骨盆联结的肌肉）。他们的核心力量不足以支撑"稳坐"的姿势。等上学以后，他们就没有能力在正式的环境中安稳坐好。他们多数会出现很多小动作，扭来扭去，不但自己分心，也影响旁边的孩子。和这些幼年时长时间"坐"在屏幕前的孩子比起来，跑来跑去活动身体的孩子们因为锻炼了肌肉的控制力，反倒能在上学以后更加安稳地坐在课桌前。这些年我去了很多学校参观，看到非常多的孩子在使用摇晃坐垫（一种表面有很多突起的圆形充气坐垫）。这种坐垫让孩子们坐在一个不稳定的表面上，可以刺激他们的核心肌肉，从而帮助他们锻炼姿态的控制力，保证他们更加安稳地坐好。

　　童年时期过多使用屏幕还可能引发很多健康问题。脊骨神经医学家（脊骨神经医学是一门关于神经 — 肌肉 — 骨骼系统疾病的诊断、治疗、预防以及这些病症对整体健康状况影响的医疗卫生行业。脊骨神经医学强调徒手操作技巧，包括关节矫正和/或手法治疗，尤其侧重对关节错位的矫正）报道了越来越多的少年简讯颈（长时间低头使用手机导致肩颈背部慢性疼痛等症状）。另一个研究发现，每天玩电子游戏超过一个小时的孩子发生手腕手指疼痛的概率明显增高。有趣的是，这项研究的主要作者就是一位11岁的男孩。他怀疑自己的手指疼痛和玩电子游戏（Wii）有关。他的父亲是一位风湿病学家。在父亲和一群纽约大学研究者的帮助下，他给自己学校的171名7～12岁同学发放了问卷。调查

发现,有高达 80% 的孩子玩游戏机或者手持设备。一天当中玩游戏的时间每增加一个小时,疼痛发生的概率就会增高 50%。年龄越小,发生手腕疼痛的可能性就越大。调查研究者认为,这和他们的肌肉肌腱正在发育有关系。当然,由于这些孩子没有接受检查,疼痛的原因(以及这些疼痛是否会导致长期损伤)还是一个未知数。还有的研究报道说,过多的上网时间和孩子的低视力有关。

孩子的正常游戏为什么会受到电子屏幕的影响

太多的屏幕时间会干扰孩子学习如何玩耍。在潜伏期的初期,孩子们往往处于平行玩耍阶段。他们会和其他孩子在一起,但是各玩各的。这是因为玩耍中的社会因素,比如分享和协商,对于他们来说太难了。这个阶段的孩子主要受到自己的冲动控制,好争斗。表现出亲社会行为、在互动中遵守礼貌准则,对于他们来说太困难。简而言之,这个年龄的孩子争抢多于分享。到学校以后,孩子们发现有一个玩伴比自己单独玩耍更有意思,他们开始喜欢和别人一起玩。在潜伏期的早期,孩子们会有大量的想象游戏和假装游戏。这个阶段的孩子热衷于制作和创造。盒子、树枝、洞穴和泥巴都是他们的最爱。这个阶段的孩子还热衷于模仿游戏,仿真的汽车、厨房玩具、婴儿车、火箭和医疗器械等等,都很受他们欢迎。潜伏期的孩子需要体验真实世界,这对于他们的发育来说实在太重要了。如果在屏幕前花费了太多时间,他们势必错失大量基于真实世界的学习。

玩耍的技能和其他所有和发育相关的技能一样,也需要大量的练习才能改进。孩子们通过玩耍来学习,玩得越多,学得越好。让他们进行具有创造力、想象力和社会性的玩耍对于孩子们的发育来说,怎么强调

CHAPTER 1　第一章　屏幕时间对潜伏期儿童的影响

都不过分。

玩耍是潜伏期孩子发育的一个关键因素。事实上，大量的证据表明，孩子早年主要就是通过玩耍来学习的。如果他们因为过多的屏幕时间而无法发展出玩耍的所有技能，那么他们很有可能会在上学阶段遭遇困难。早育工程的课程设置以玩耍和自主探索为核心。孩子们可以在教室的课桌间随便走动，选择自己喜欢的活动。使用屏幕过多的孩子倾向于从一个活动飘到另一个活动。被分配到某一项活动中以后，这些孩子大多难以集中注意力，因为他们缺乏完备的玩耍技能。这些孩子缺少同龄人具有的想象力和创造力。我在临床工作中，遇到了大量在屏幕前花费太多时间的学龄前儿童，他们只喜欢一些幼儿水平的游戏。比如说，碰撞两个东西、装满倒空一个容器，类似这样显示简单直接因果关系的游戏。那些需要更多想象力的游戏以及角色扮演模拟真实生活的游戏（如过家家、扮演警察或者消防员），则无法引发他们的兴趣。他们在被分配的活动中挣扎，意味着他们在教室里体验到的是糟糕的破碎感。他们多数难以交到朋友。这会引发孩子难以承受的挫折感。我很确定，电子游戏无法帮助潜伏期孩子练习发展他们在教室和真实世界中所必需的种种游戏技能。

专注力

网络的信息是瞬息万变的。往往还没有来得及消化整篇文字的内容，你就已经不知不觉地从一个链接点击到另一个链接。你也不会给自己感到无聊的机会。微软公司在加拿大做了一个媒体消费调查，结果发现数字时代的人所拥有的专注时程甚至已经比不上一条金鱼。

研究者对 2000 名参与者进行了问卷调查，并且研究了 112 人的大

脑活动情况。他们请参与者完成一系列的测试,如对图片的反应、找到区别、回答与数字和字母有关的问题。测试结果显示,参与者的平均专注时程(包括各个年龄段和不同性别)已经从2000年的12秒下降到8秒。网络革命时期正是始于2000年。这意味着我们的专注时程已经比不上一条金鱼(9秒)。下载一个网页的时间一旦超过3秒钟,我们就会失去耐心。根据著名的数字绩效调研公司德纳特兰克(Dynatrace)的调查,下载网页的速度差上半秒钟都会导致网络销售业绩下降10%。

网络世界鼓励快速输送片段信息:新闻被浓缩成140字的推文,我们发送短信和表情包,却不进行真实交谈。

这里存在一个严重问题。处于发育中的大脑一旦习惯于这种快节奏的信息传送方式,孩子就会习惯于即时满足和即时奖励。每一次在应用程序中正确完成一项任务,或者在游戏中通关,他们都会获得一份虚拟证书或者一张电子贴纸。与此形成鲜明对照的是,真实世界的学习更加缓慢,很少即时奖励。在电子设备上花费太多时间的孩子有可能训练出多任务处理能力,但付出的代价便是难以集中注意力。如果不能集中注意力,他们必然在未来的教育中遭遇巨大的问题。

研究已经显示了屏幕时间和专注力下降之间的关联。一个研究发现,每天在屏幕前花费两个小时以上的孩子在教室里出现专注力问题的可能性增加1.5~2倍。这个研究还发现,这些孩子的自我控制力明显下降,更加容易冲动。

还有研究表明孩子的屏幕时间和多动症之间存在相关性。我对这个结果却持怀疑态度。多动症主要是遗传引发的问题,我在本书第八章里会对此做更加详细的探讨。这些多动症的孩子很有可能比正常孩子更容易受到电子屏幕的吸引,导致他们用更多的时间上网和玩电子游戏。反

CHAPTER 1 第一章 屏幕时间对潜伏期儿童的影响

过来说过多的屏幕时间导致多动症,却未必成立。

在工作中,我常常会遇到这样的孩子:即使给他们提供很多娱乐的东西,他们也无法安坐50分钟。我经常会在和家长交谈的时候给孩子很多玩具(如玩偶、汽车和彩色铅笔等等)。可是现在这些玩具已经不能满足孩子的娱乐需求,他们总是要手机或者平板电脑。

学习和教育

很多家长对我说,他们只允许孩子使用电子设备里的教育类和游戏,这样应该没有问题了吧。但是我会质疑他们:在我的经验里,孩子们普遍会使用大量的程序和游戏,教育类往往只是其中很小的一部分。美国的一个调查发现,2~10岁孩子在屏幕前的时间里只有少于一半是真正用在"教育类"上。

即使是教育类的屏幕时间,我也还是担忧孩子们实际上是在接受填鸭式教育,缺少真实体验。他们或许会通过屏幕认识那些数字、字母和自然拼读,这对于他们最初的学校生涯会有所帮助。但是潜伏期的孩子需要的学习远远不止这些,数字和字母只是其中很小的一个部分。孩子们必须通过探索,体验失败,并且不断试错才能进行真正的学习。屏幕学习不可能包含这些重要元素。我们常常把孩子们比喻为"海绵",不断吸取身边的一切信息。在数字时代,我们不但无法让海绵充分吸取信息,反而还在不断压榨海绵。

以前的孩子是主动寻求知识,而屏幕却一味地给孩子输送信息。学习知识获得信息本身并不是一件容易的事情,现在孩子们却只需要点击鼠标就能获得。学习变成了被动输送。现代孩子获取知识的途径已经发生了根本性的改变。获取信息变得迅捷,随手可及,然而孩子们却没有

建立起研究和评估信息的技能。谷歌可以提供一切讯息,因为答案就在网上。孩子们很少对找到的信息进行质疑或者评估。他们从来不进行交叉参照,也很少对知识进行推论,这一点和过去的孩子完全不同。

在屏幕设备上学习意味着孩子们不需要自己摸索答案。他们几乎无从体验"突然醒悟"的时刻,而摸索答案恰恰是学习过程中非常重要的一部分。这个过程会让孩子们挣扎,却能够锻炼孩子的决心、耐心和恒心。

以前的孩子主动寻求知识,在学习中付出大量努力。现代孩子却习惯于通过电子设备给自己输送信息。两者之间的差异会造成怎样的深远影响?这才是最最令我担忧的问题。

2016年,一段关于千禧代(出生于1982~1994年)在职场表现的视频广为流传(网上可以搜索到)。在这段视频里,西蒙·斯涅克(Simon Sinek),一位作家、演说家和咨询家,生动描述了千禧代作为和指尖科技一同成长起来的一代,体验了怎样的不幸福和不满足。他认为,正是由于科技的进步,这一代人习惯了即时满足,失去了耐性。他们几乎可以瞬时得到很多东西:他们不需要等上一个星期来更新自己喜欢的电视节目,而是一下子看完所有的节目。斯涅克认为生命中的一些事情是无法快速获得的。在他看来,工作的满意度、稳健的人际关系、技能、自信以及对生命的热爱等等,都需要一个"缓慢、曲折、痛苦和混乱的过程……生命的旅程是艰辛漫长和困难的"。幼年便开始享用屏幕的年轻一代究竟会遭遇什么样的未来?我们大概也可以瞥见了。

研究还显示屏幕时间会对学业和成绩造成负面影响。研究者调查了一群不玩电子游戏的孩子(6~9岁的男孩子),在得到第一个电子游戏四个月后的学业表现。这些男孩子的课后活动参与度明显减少,阅读写作成绩下降,老师还会汇报孩子们更多的学业问题。

CHAPTER 1　第一章　屏幕时间对潜伏期儿童的影响

我们已经看到过多屏幕时间对现在学龄期儿童学业的负面影响。这些孩子在他们的潜伏期接触到的科技远比不上现在那些正处于潜伏期的孩子们。我们还无法获知科技对现在更年轻的一代人的教育的全部影响——但是从我们现有的证据来看，情况不容乐观。

太多屏幕时间还会对潜伏期的大脑发育造成影响。从出生到 5 岁，孩子的大脑神经元建立了大量的连接和神经通路，速度是 5 岁以后的两倍。之后神经连接得到修整，经常使用的通路得到巩固，少使用的那些则逐渐消失或者被"剪除"。假如孩子总是重复做一件事（比如花时间上网），他们唯一得到加强的那部分通路便是和数字活动相关的，而那些支持未来学习的神经连接则无法得到足够深广的建设。

社交问题

如果在数字设备上消磨太多时间，孩子往往会出现一个最令人头疼的问题——社交能力的削弱。潜伏期最显著的一个特征和其他孩子有关：孩子需要和同龄人发展友谊。很多家长对类似游戏约会和邀请朋友享用茶点的活动都有丰富的经验，我却发现越来越多的小学生并不需要面对面的朋友，他们只需要登录上网，在网上和朋友们玩游戏。但这绝不是完整意义上的同伴玩耍，这仅仅是屏幕时间而已。

潜伏期非常关键的一点是孩子开始浸润在身边的世界中，同时拥有家庭在背后的种种支持和协助。如果孩子总是黏着 Xbox 游戏机或者平板电脑，却不和真实的人面对面交谈游戏，他们就会丧失学习社交的大好时机。数字设备的一个特点是孤立。不少家长试图说服我，游戏是一种社交活动，因为孩子们可以在网络游戏中和朋友们聊天。但是对于这个年龄阶段的孩子来说，我并不认可这样的观点。对于十几岁的青少

限屏教育
UNPLUGGED PARENTING

年来说,数字设备已经成为社交圈的一部分。他们互相发送短信,使用WhatsApp(一款用于智能手机之间通信的应用程序)和FaceTime(一款视频聊天软件)来进行网络聊天;屏幕设备有力地支持着他们的社交生活,是和朋友保持联系所必不可少的设施。对于潜伏期的孩子来说,我以为,屏幕设备却是社交生活的障碍。在潜伏期,孩子们通过安全的途径来建设亲密关系,并且学习友谊的规则。很多时候,孩子们在成人的监督下进行社交活动。这种监督可以来自学校的午餐助理,也可以来自游戏约会的其他家长。在这个阶段,孩子们总是需要寻求成人的支持。孩子间一旦发生争执,大人就能及时干预,帮助他们协商如何友好地继续游戏。这个年纪的孩子需要知道,他们可以暂时离开社交活动,随时回到家庭这个安全岛。他们可以短时间和朋友分离,第二天上学的时候重新拾起友谊。在成人的支持和指导下进行的面对面的社交活动,对于小学生发展社交情绪和关系技能来说,实在是太重要了。如果把时间花在屏幕上,我担心孩子们将难以获得这些技能。

洛杉矶加州大学的一项研究显示,屏幕时间会妨碍孩子们识别情绪的能力。研究者发现,十一二岁的孩子在短暂戒断屏幕五天后,识别他人情绪的能力就会得到显著提高。

屏幕不应该取代人和人之间的互动。孩子们需要通过和他人面对面的互动来学习社交,比如说脸部表情、身体语言和语音语调。你无法从屏幕中获得这些信息。在我的诊所里,我看到太多孩子,因屏幕时间太多而缺少识别这些社交信息的能力。为此,学校不得不专门成立俱乐部来训练孩子们这些应当在潜伏期获得的社交技能,比如怎样进行一段对话、如何与他人分享、如何轮流参与活动、如何换位思考等非常基本却又极其重要的技能。社交能力低下又会对孩子的教育和社会性发展以及

CHAPTER 1　第一章　屏幕时间对潜伏期儿童的影响

情绪健全造成二次冲击，这个问题的严重性不得不引起我们的重视。

>>案例分析<<

10岁的汉娜因为在小学遇到严重的友谊问题而被介绍到我的诊所。在过去的一年里，她遭遇朋友圈越来越严重的孤立，已经被学校归为有升学困难的差生。她的父母非常担心，但是却无法理解为什么女儿在短短一年中会发生如此巨大的转变。汉娜以前有正常的朋友圈，学校和家长也从未发现她有任何社交困难。可是现在的汉娜却可怜兮兮的，害怕上学。她午餐时间没有玩伴，也越来越不喜欢学校。

疗程

为了加深对汉娜的了解，找到她的问题所在，我和汉娜进行了深度沟通，很快就发现她的一个主要兴趣就是在自己的平板电脑上看一个关于美国少年的肥皂剧。学校给学生们分发了平板电脑。她父母对此并未产生警惕，因为这台平板电脑上有家长权限设置。汉娜可以通过油管来查找学业相关资料，但她却在上面看肥皂剧，每天看6～7集。通过和汉娜交谈，我发现她太过于沉浸在那些肥皂剧中，居然以为世界就和那些肥皂剧里的一样。她发现自己很难和其他女孩子交谈，很难和她们产生链接，而且很难理解友谊的规则。当其他女孩子在正常发展自己的社交技能的时候，她则因为过分沉浸在平板电脑中而严重滞后了。孩子一旦在社交上滞后，就很难恢复常态。

一年前还拥有很多朋友的汉娜现在陷入了挣扎。其他女孩子开始

限屏教育
UNPLUGGED PARENTING

嘲笑她的痴迷，笑话她整天只谈论那些肥皂剧。她不知道怎样参与到她们的游戏和谈话中，她变得越来越孤立和边缘化。每次和人产生冲突，她都不知道该怎么样解决。她总以为一切会像肥皂剧里那样，每次冲突后都会"有人出面调解"，然后在半小时的剧情里，大家又全部和好如初。汉娜不理解，在真实舞台上，社交关系远非如此。每次看到别人吵架，她试图进行"调节"的时候，别人都会对她的努力产生抵触，并且嘲弄她的幼稚。这令汉娜很不高兴，而且感到困惑。于是她更加远离自己的同龄人，更加沉迷于电视节目中的虚幻世界。午餐时间她往往孤身一人。再没有人邀请她去家里玩。学校的情况变得越糟糕，她就越依赖自己的平板电脑。肥皂剧已经完全替代了朋友。她远离真实世界，为自己找到了另外一个生存空间。最后，不断前进的真实世界抛弃了她。

干预

首先，我必须帮助汉娜的父母了解汉娜被社交孤立的原因，帮助他们了解平板电脑在其中的作用。她的父母完全不知道女儿在油管上看了些什么，他们也不能理解问题的根源所在。他们认为这些节目并没有什么不妥，没有暴力，没有粗口，而且也正好是针对汉娜这个年龄群的。我不得不帮助他们认识到，这些肥皂剧太吸引人，导致汉娜完全沉浸在幻想世界中，令她失去了和真实世界的互动。

接下来，我给汉娜做了大量的社交建设。我帮她认识到这些电视剧并不是真实的，这令她非常不安。我们一起比较了肥皂剧和真实世

CHAPTER 1　第一章　屏幕时间对潜伏期儿童的影响

界的种种不同。最终她了解到真实生活和电视剧的确很不同,过分沉迷于平板电脑会导致她失去真实的朋友。在和她的父母达成一致后,我请他们对汉娜使用平板电脑的时间进行限制,每天只能看一集电视剧。我又和学校联系,请他们把汉娜和其他需要社交支持的孩子安排在一起。接下来我开始帮助汉娜建立其他社交关系。从最基本的做起,安排一些和她有共同语言的女孩约会。这些女孩就住在附近,而且会和汉娜升学进入同一所学校。

汉娜的父母也开始和学校一起努力限制平板电脑的使用。打个比方,在校车上汉娜会用平板电脑看肥皂剧,而不会和其他女孩子交谈。学校便请司机关闭校车上的网络信号,这样学生们就只能放下电脑,开始互相交谈。

结果

修复之路并不快捷。汉娜花了不少时间来加强学习自己在过去一年中错过的那些社交技能。到了六年级,通过老师的帮助和大量的游戏约会,汉娜终于有了一些比较稳定的朋友,她不再感觉到被孤立。汉娜的例子也让学校开始反省学生使用平板电脑的问题,他们开始意识到平板电脑不仅仅是帮助教育的设备,也是阻碍社交发展的障碍。学校有很强的网络安全意识,但是却忽视了那些五六年级女孩子的社交发展。在汉娜的案例之后,学校加强了这方面的建设。

限屏教育
UNPLUGGED PARENTING

 **4～7岁孩子的危险信号**

● 你的孩子无法完成那些同龄人的活动,比如骑自行车、游泳、攀爬、跑步以及学校的体育课。

● 难以完成那些需要精细运动技能的活动,比如自己穿衣服、系扣子、系鞋带、拉拉链和使用刀叉。

● 玩耍的时候缺少创造力和想象力。不知道怎么玩纸板盒,或者不知道用积木搭些什么。

● 他们不像以前那样对穿衣打扮和假装游戏感兴趣。

● 不知道怎样使用玩具娃娃和汽车轮船来做游戏编故事。

● 不愿上学,不适应学校生活,很难交到朋友。

● 在学校的表现具有一定破坏性。

 **所有年龄组孩子的危险信号**

● 在学校的表现出现异常,比如老师反映你的孩子不如以前那样专心,或者在午餐时间独自吃饭,休息的时候也单独一人。

● 他们不像以前那样喜欢谈论自己的朋友。

● 他们看起来很不开心,经常说在学校很无聊。对于潜伏期中比较大的孩子来说,这往往意味着他们在学校感觉孤独。

● 他们不再喜欢自己以前热爱的活动,只对上网感兴趣。

● 对那些他们以前喜欢的需要花费时间和专注力的事情(比如说阅读、写作、画画、涂色和乐高)开始感觉到索然寡味。

● 他们常常看起来一副漫不经心的样子(比如,在你和他们谈话的

CHAPTER 1　第一章 屏幕时间对潜伏期儿童的影响

时候,他们经常走神。除了屏幕,他们对很多东西的专注时程明显减少)。

💡 解决办法

● 孩子们通过"动手"来学习——不断尝试和练习,解决问题,学习不同内容。请不要用屏幕来替代孩子们的"动手"。屏幕时间往往只是看,缺少孩子发育中必不可少的亲身体验。

● 确保数字设备并非孩子们玩耍时的唯一关注点。

● 干扰和转移。这些技巧我们常常对幼儿使用,但其实对更大一些的孩子也有效。建议他们去做别的事情,玩游戏或者参加什么活动,把他们从电子屏幕前转移走。

● 改变电脑的使用方式。网络上充满创意,我们可以利用屏幕把孩子引导到其他活动上。举个例子,请他们查找如何用纸筒做火箭的视频,然后自己来做一个。

● 孩子还小的时候,家长有必要把真实生活中的玩耍放在第一位,虚拟游戏必须排在后面。

● 给孩子提供机会让他们和其他小朋友一起玩耍,帮助建设他们的社会性。让孩子尽量多地和不同的人一起玩耍。

● 给孩子提供大量的社交机会——参加俱乐部、群体出游、去公园游乐场等等。在这些地方,孩子们很容易和其他小朋友玩到一起。

第二章
拥有屏幕设备

在决定是否让孩子拥有自己的屏幕设备时，我们必须回答以下两个问题：
是否会增加屏幕时间？
是否会导致屏幕时间变得隐秘或失控？

CHAPTER

2

CHAPTER **2**　　第二章 拥有屏幕设备

想给孩子一台屏幕设备吗？这里有你需要的所有信息——从设备应当放置在哪个房间，到如何限制使用

每当我说我 8 岁的儿子从 4 岁便拥有自己的平板电脑时，人们都常常感到惊讶。同时，他们的脸上显出一种放松的神情，我似乎听到他们在心里说："好吧，连儿童心理学家都这么干，那一定没有问题了！"家长们常常问我："是否应该给孩子买一台平板电脑？多大年纪合适？"老实说，给儿子买平板电脑完全是出于现实的考虑。主要是为了避免因为电脑而产生家庭纠纷。然而，早在儿子首次打开电脑之前，我就已经在电脑使用的问题上设立了种种规定，包括什么时间可以使用电脑，每次可以使用多长时间，以及可以在哪里使用。虽然我儿子把这台电脑当作"自己的"，但他也很清楚妈妈拥有最终控制权。

在过去的几年里，越来越多的孩子拥有屏幕设备。在 5～15 岁的英国孩子中，每三个人就有一个拥有自己的平板电脑；8～11 岁，每三人就有一人拥有智能手机；甚至连幼儿都开始拥有自己的科技设备——最近的研究显示，38% 的 2～5 岁孩子拥有安卓平板电脑，32% 拥有苹果平板电脑，30% 有手机。

那么潜伏期的孩子是否能够真正为自己拥有的数字设备负责呢？拥

有自己的设备会增强他们的责任感吗?在递给孩子们属于他们自己的智能手机或者平板电脑的时候,父母是否冒着失去监控权的危险?

在给孩子购买电子设备前必须考虑的事情

在对这个决定权衡利弊时,家长们需要好好思考以下这些重要问题。大部分潜伏期的孩子并不具备延迟满足所必需的认知技能。他们的耐心极其有限,这些孩子的时间观念尚未健全。放任他们使用屏幕时,他们很可能就会黏在屏幕上,根本感觉不到时间流逝。如果没有人或者规则来对他们加以限制,他们就无法意识到自己使用屏幕的时间已经太久,需要停止了。

这个年纪的孩子的自我调节系统还不健全。他们的思维模式基本上就是,"我想要,现在就要"。斯坦福大学著名的"棉花糖实验"对此进行了很好的阐述。这一系列关于延迟享受的研究发生在1960年末至1970年初,由当时的斯坦福心理学教授沃尔特·米歇尔领衔完成。多达数百名4~6岁的儿童参加了这个实验。孩子们被带到一间空屋子里,面对一张桌子,桌子上放着一块棉花糖。研究者告诉孩子,他会离开房间15分钟。在这期间,假如孩子没有吃棉花糖,那么他就能得到第二块棉花糖;如果棉花糖在研究者回来之前就被吃掉,那么孩子们就不能得到第二块。研究者发现,三分之二的孩子吃掉了棉花糖。年纪越大,延迟享受的能力越强——或者说,不吃眼前的这块,而是等待得到两块棉花糖。这些实验让我们看到,等待对于幼儿来说实在是太难。即使有权威人士叫他们等待,他们也难以做到。他们还无法理解耐心等待可以换取更多的好处。即使等待符合他们的利益,他们也还是无法控制冲动。

CHAPTER 2 第二章 拥有屏幕设备

等孩子大一点后,认知能力增强,控制冲动说服自己就变得更加容易了。也就是说他们已经有了用认知(思想)来管理感觉(冲动)的能力。这是儿童在成长过程中逐渐获得的一种重要的高级心理技能。

潜伏期孩子还无法平衡多种相互冲突的需求。他们的大脑还不具备同时处理多项任务的能力。假如我们给孩子一台屏幕设备,对他们的使用毫不干预,那么他们很有可能会整个上午都坐在屏幕前,不穿衣服,不刷牙,不收拾房间。你的嘱咐全都被抛到脑后。对于早上急着赶时间离开家门的我们来说,这实在是巨大的挑战!

在决定是否让孩子拥有自己的屏幕设备时,我们必须回答以下两个问题:

- 是否会增加屏幕时间?
- 是否会导致屏幕时间变得隐秘或失控?

不受控的屏幕时间

一旦屏幕时间失去监管调控,问题就会涌现出来,父母也会失去控制权。网络大影响(Internet Matters)最近完成的一项研究显示,大量儿童可以自由使用自己的设备上网。令人担忧的是,44%的儿童在没有成人监督的情况下浏览网站,使用社交媒体,观看网络视频。大约有一半的6岁儿童在卧室独自上网。我必须警告家长的是,千万不要以为给孩子买一台屏幕设备(不管是手机、平板、电脑还是游戏机),交到他们手上,就万事大吉了。你必须负起责任,提前设立规则和计划——因为潜伏期孩子根本不具备自己管理屏幕时间的能力。而且连家长都不管,凭什么要他们来管理屏幕时间呢?假如我们知道一样东西可能伤害孩子

限屏教育
UNPLUGGED PARENTING

（比如说糖），那么我们肯定不会不管不顾。

拥有自己的设备往往给孩子一种控制的假象。对于那些自己攒钱购买设备的大龄孩子来说，更是如此。他们的逻辑是："我付了钱，因此这是我的。我有权决定什么时候使用、使用多久、在哪里使用。"这种想法必然会引发其他问题。潜伏期孩子已经不再是那个时常发脾气的幼儿了，他们开始试探自己的能力和主权。因此，即使孩子以为自己拥有控制权，家长们也一定要显示自己的权威，这非常重要。不要被他们说服，如何使用屏幕时间是个原则问题，家长不能放手。不仅仅是屏幕问题，在很多方面也一样。不妨想象一下，假如你完全放手让孩子自己决定每天的晚餐和上床时间，事情很可能会完全乱套。一定要让孩子了解这一点：是的，他们可以选择自己的钱花在哪里，但是你作为家长必须给他制定屏幕时间的规则。

你的计划是什么

在拥有屏幕设备之前，家长们必须有一套成熟的计划。很多家长，尤其是对待他们的第一个孩子时，想象不到数字设备的魔力有多大。一旦你放松了警惕性，它就会引发混乱。就好像在家里养狗一样：你必须好好思考养狗的种种现实问题，确保它能和家人和睦相处。如果孩子想买滑板或者排鼓，我敢肯定，大部分家长都会有一个计划，预先规定好使用的方式和时间。但是我遇到的很多家庭，却对孩子的屏幕时间缺少规划和管理，这样的情况最终都令家长头疼不已。

想一想可以制定哪些屏幕规则。屏幕可以在餐桌上使用吗？可以在卧室使用吗？每次可以让孩子玩多久？哪些时间段可以使用？

CHAPTER 2 第二章 拥有屏幕设备

答案并没有对与错之分。家长们必须自己斟酌，找到最适合自己家庭的规则，并且确保规则得到实施。家庭教育有几项基本原则，我认为家长必须始终如一地坚持。这些原则包括：保持一致，知道何时拒绝，何时让步，最重要的是，掌控局面。我最常给家长的一个重要建议是："有选择地战斗！"——战斗一旦打响，务必保证自己赢得胜利。当然你不可能把所有事情都变成战斗，否则家庭生活将糟糕透顶。但有的事情可以弹性处理，有的事情一旦决定就不可动摇，而且必须让孩子们清楚地明白这一点。在屏幕时间的使用这个问题上，大量经验告诉我，这是一场父母必须选择而且要确保胜利的战斗。

在把设备递给孩子之前，家长们最好清晰地了解设备的功能。我知道一些家长给孩子购买了 iPod（"苹果"播放器）和电子书，却不知道这些设备有上网功能。一位 9 岁男孩在家长完全不知情的情况下浏览了大量不合宜的网站，并且使用谷歌和油管进行搜索。好几个月后，家长才发现问题，震惊不已。

拥有屏幕能否培养孩子的责任感

给潜伏期孩子自己专属的设备有一个很大的好处，就是可以帮助他们增强责任感。我的儿子很早就学着珍惜自己的东西，他从来没有碰碎、丢失或者摔破自己的平板电脑。我多年前为之服务的学校里，有老师教刚入学的孩子给自己的艺术作品拍摄数码相片。考虑到安全耐用性，一开始老师购置了防摔相机。这些相机十分笨重，和普通相机很不一样。然而，这些相机被撞来撞去，很快就坏了。后来老师们换成普通数码相机——就是孩子们常常看到大人使用的那种。这一次，孩子们知道这些

是贵重物品,使用起来格外小心。相机一台都没有坏。孩子们懂得分辨哪些东西更加贵重,更值得珍惜。他们对物品的态度和他们对这件东西价值的认识有关——如果这是他们珍惜的东西,他们就会更加小心照管。一样东西在孩子心里拥有很高的地位时,孩子们就会努力照管好它。当然你同时也需要考虑孩子的灵巧度。潜伏期孩子的精细动作还没有发展到成人的程度,他们会笨手笨脚,更容易摔东西。最好在设备上安装缓冲垫或者加上保护罩。

电子设备应当存放在哪里

我坚定地认为,孩子们(尤其是4~7岁)应当尽可能地在监督下使用屏幕设备,并且只能在公共区域,不能在卧室这样的私密空间。电视机只被安放在一处,屏幕设备却可以被孩子们移来移去。很多时候,家长们无法获知他们的具体位置,也无从了解他们究竟在做些什么。家长其实也很容易失去时间感。孩子安安静静不惹麻烦的时候,你就会想,还是不要打搅他们为好。然而即使在路由器上或者孩子的屏幕设备上加设限制,家长们还是很有必要去了解孩子们究竟在网上做些什么,了解他们搜索的内容。如果孩子使用屏幕的时候,你能够在旁边,就可以更加清楚地知道他们已经使用了多长时间。一旦孩子离开你的视线,情况就很容易失去控制。

最理想的情况是,家长们帮助孩子在潜伏期里养成在开放场所使用屏幕设备的习惯。如果孩子在公用房间,那么即使你不在一旁,其他人也有可能时不时跟他互动一下。有时候家长会问孩子晚饭想吃些什么,有时候兄弟姐妹有可能对他做的事情感到好奇。但是如果孩子独自在卧

CHAPTER 2　第二章 拥有屏幕设备

室上网，多数情况下都不会有人走进去打搅他，结果他独处的时间就会延长。

屏幕时间和社交时间是相互冲突的。上网和使用屏幕是一种个人行为，往往会令孩子和真实生活产生隔离。假如在有人的环境中使用屏幕，这种隔离也能得到缓冲。

从我的临床研究来看，想要维持家长的威严，你就必须和孩子保持有效的沟通和链接。任何一位家庭成员的单独活动，比如说玩手机，都会切断家人之间的联系。对于潜伏期孩子来说，这种情况需要尽量避免。

婴幼儿的运动能力和语言能力飞跃发展。潜伏期孩子则主要发展情绪能力和社交能力。他们观察、学习、发展人格，尽情吸收世界上的种种信息。如果他们总是低头看屏幕，家长就可能看不到他们，不知道他们身上发生的事情，不了解他们在受着什么影响。这是一个极大的问题。社交和情绪的发展主要通过观察、复制和建立联系来达到。数字设备只会妨碍这一切。

同时我也坚持认为，孩子们不能把屏幕设备放在卧室里，更不能在卧室里使用。即使孩子说设备已经关机或者正在充电，也最好把它拿出来，绝不能把设备留在卧室里过夜。屏幕的诱惑实在是太大了。我知道很多成年人都有睡前躺在床上玩手机的习惯，半夜醒来也忍不住看上两眼。连成年人都难以抵御网络的诱惑，潜伏期的孩子就更难了。

超专注

你是否注意到孩子在使用屏幕设备的时候有多么专注？他们一动不动地盯着屏幕，对外界刺激几乎没有任何反应。不管你怎么努力地跟他

们说话,同样的问题问了多少次,他们就是听不到。这种全神贯注的状态就是超专注。超专注对于某些事情有利,但是如果不能轻松走出这种状态,超专注就会成为一个问题。

我想大家一般都有超专注的时候。有一天早上,送孩子上学后,时间已经晚了。为了避免开会迟到,我一路冲到车站。火车还有两分钟就要进站了。这时候,我注意到手机上有一个电话留言。因为担心和会议有关,我决定立即收听。然而周围吵吵嚷嚷,我根本听不清。于是我把头转到一边,全神贯注听留言。当我终于听完留言挂断电话时,我才意识到火车已经出站。我就站在月台上,就在火车面前。然而我过于专注在语音留言上,连火车开过来那么大的声音都没有办法听到。这就是超专注:屏蔽掉背景,把注意力完全集中在一件事情上。我注意到,那些潜伏期孩子在使用电子屏幕的时候,往往就会出现这种超专注状态。

我支持一个观点,好的专注力并不等于全神贯注。最理想的专注力应当是对手头的事情足够专注,同时保持着对周围环境的警觉。从进化的角度来说,为了生存,我们必须时刻注意身边的情况。在洞穴人时代,超专注就意味着你可能被剑齿虎吃掉。到了现代社会,学龄儿童的超专注可能就会导致一边用手机一边过马路的时候被车撞倒——这种事情几乎每周都会发生。或者,超专注会导致你错过火车而无法准时出席会议。

超专注之所以发生是因为一件事情占用了你所有的精神力量或者注意力,比如说心算,或者在吵闹的月台上努力辨听一个不清晰的留言。当一件事情太过刺激的时候,就会吸引你所有的注意力,自动屏蔽其他事情——而这正好就是屏幕时间的写照。超专注是一种非常特殊的自我状态。你一旦身处这个状态,就无法注意到身边发生的事情。

CHAPTER 2 第二章 拥有屏幕设备

多动症的研究者通过扫描大脑的不同部位来研究超专注。简单地说,即使是处于休息状态,我们大脑的某些部位依旧在工作。这些部位的功能包括扫描外界环境和处理视觉听觉信息。这些部位被称为大脑预设模式网络。这个预设模式网络的作用就是让我们保持对环境的警觉,及时识别潜在危险——防止你变成剑齿虎的晚餐,防止你遭遇车祸。然而,当你需要专注于某一件具体的事情或者任务的时候,大脑用来扫描环境的那些部位就会关闭,而那些用于完成任务的大脑部位则被激活。

在需要解决某项具体任务的时候,大脑能量资源就会从预设模式网络转移到相应部位。大脑扫描环境的部位被关闭,注意力得以更好地集中来完成任务。研究发现,多动症患者在需要完成一项任务的时候,大脑预设模式网络不能按照预期那样关闭或减弱。他们想要集中注意力,但是却持续不断地扫描环境。这就是他们注意力涣散的原因。大脑不停地分散注意力来扫描环境,导致他们无法达到有效专注的状态。当研究者让多动症患者做一些特别刺激的事情,他们的预设模式网络终于得以关闭,但是他们却进入了一种超专注状态,很难重新启动预设模式网络。这就意味着,他们会被长时间困在这种自我状态,很难重启扫描模式。

孩子陷入屏幕设备时的表现恰好和多动症患者类似。屏幕太刺激了,孩子们全身心地投入在屏幕上,注意不到周边环境。这种状态会引发很多问题,其中最让我担忧的是自我隔离。孩子处于超专注时,是一种自我隔离的状态,对孩子们学习发展社交技能极其不利。我们需要对来自环境的信息流做出及时反应。一旦进入超专注,我们的大脑就很难从一项任务转移到另外一项任务上。大部分的认知活动都需要孩子们具备这种注意力转移的能力。这种能力往往性命攸关。

我们需要避免过多的超专注。我强烈建议,在孩子们使用屏幕的时

候,家长最好陪伴左右。这样可以加强环境刺激,打断或分散孩子的注意力。如果他们躲在卧室里,没有了环境干扰,他们很可能会陷入超专注状态长达好几个小时。我们常常担心屏幕时间导致孩子们注意力涣散,但是我们也必须警惕过度专注。我们希望孩子们可以发展出一种有弹性的专注技能,在他们需要专注的时候能够集中注意力;在需要转移注意力的时候,也能够及时切换。

>>案例分析<<

4岁的艾米马上就要结束自己的小学预备班学习了,却依旧无法适应学校,也交不到朋友。老师告诉她父母说,艾米的行为能力和倾听能力都很差。她父母无法理解。他们找到我,告诉我说,艾米很聪明,很小就学会了数数、形状、字母和颜色。他们本以为孩子的学识超前于同龄人,一定会在学校表现突出,万万没有料到老师会告诉他们说艾米难以集中注意力,总是在教室里打搅其他孩子。

疗程

艾米的家长非常重视教育。他们都是大学毕业生,拥有很好的工作,也希望自己唯一的孩子拥有幸福、成功的未来。他们解释说,他们觉得现代科技非常重要,于是在孩子两岁的时候就给她购买了她专属的平板电脑,下载了大量的教育类应用程序。他们很自豪地向我展示孩子熟练操作平板电脑的技能。显然艾米对几乎所有的程序都很了解。她的这种能力给我留下了深刻印象。在她的这个年纪,她显得很超前。

CHAPTER 2　第二章　拥有屏幕设备

可是当我走到学校里面观察艾米的时候，我了解到她的确很难适应学校生活——而这恰恰就是平板电脑惹的祸。她所熟悉的那些应用程序的确帮助她认识了大量的形状、数字和颜色，但是她却缺少学校生活必不可少的社交技能和玩耍技能。因为她的大部分游戏都是在平板电脑上完成，一旦进入教室，她就很难进行选择，无法进行需要自己组织或者自我导向的活动。艾米从小大量接触各种应用程序，习惯于程序的鲜艳色彩、丰富声音和快速变化。积木和串珠根本无法引起她的兴趣。她的同龄人兴致勃勃地玩着得宝和乐高积木、汽车、厨房和婴儿推车。艾米却觉得索然寡味。想象力玩耍对于她来说太过复杂。她无法和其他孩子玩到一起，她也不喜欢教室里的种种玩具和活动。这令她感觉无聊沮丧。这种情绪导致她开始通过搞破坏来引起教室里大人的注意，跟她互动。

当我跟艾米的父母谈起正是平板电脑导致艾米的问题时，他们感到非常意外。他们一直以为那些教育类的应用程序可以帮助孩子提高起跑线，从而在学业上遥遥领先于同龄人。但是我的发现却正好相反。艾米对平板电脑的兴趣非常大，4岁的她几乎把所有的闲暇时间都放在了这上面，有时甚至长达一天4个小时。当艾米安安静静玩电脑的时候，她父母（像大多数父母一样）就利用这些时间做自己的事情。

干预

艾米的父母开始意识到给小孩子太多屏幕时间并不是一件好事。他们错误地以为平板电脑就等同于高起跑线。然而，潜伏期早期的孩

限屏教育
UNPLUGGED PARENTING

子真正需要的是互动和关注。我给他们解释,使用平板电脑是一种孤独的活动,对艾米的社交互动、交流技能和想象力玩耍没有任何帮助。而这些恰恰就是学校学习必不可少的能力。他们希望平板电脑能够帮助孩子,却没有料到反而桎梏了孩子的发展。

我建议艾米的家长让孩子在家里尝试多种多样的活动。解决问题的关键不在于限制她使用平板电脑,而是增加艾米做其他事情的机会,从而让她主动放下电脑。家长可以对孩子说,"我们到后院去玩一会儿吧",或者"去公园散散步怎么样"。和孩子一起烘焙、涂鸦、玩游戏、唱歌和拼图。这些活动需要父母花费大量时间和孩子互动。但是在艾米的年龄,与人互动比起和平板电脑互动来,重要太多。她的父母必须尽可能多地和自己的女儿互动沟通。

平板电脑并不一定要完全从艾米的生活中消失——假如他们还想保留的话——但是必须减少使用。假如她花在其他活动上的时间增加了,她的屏幕时间自然就更加可控。我给艾米的家长一些指导说明,鼓励他们不要再把平板电脑当作孩子在家的主要活动,多给孩子提供别的活动机会,让她多一些耐心,学会等待,或者分散孩子的注意力,最终帮助孩子习惯于减少使用平板电脑。

结果

艾米的家长对于限制孩子使用电脑感到很焦虑,担心一旦开始减少屏幕时间,艾米就会发脾气。他们意识到,孩子过分使用平板电脑的一个主要原因是他们的工作、生活太忙碌。我建议他们反思,并且

CHAPTER 2　　第二章 拥有屏幕设备

开始尝试不同的工作和生活。他们制订了一个日程安排，规定好艾米使用平板电脑的时间。自己也分出更多时间来陪孩子玩耍。接下来的变化令他们大为惊讶。艾米很喜欢和父母一对一地互动，发脾气的次数反而减少了。在疲倦或者想要玩平板电脑的时候，艾米会和父母产生摩擦，但是这种摩擦也没有他们想象的那么糟糕。事实上，艾米适应得比父母想象的更快。

逐渐地，随着父母关注和陪伴的增加、使用电脑时间的减少，艾米在学校的表现越来越好。到一年级的时候，她的行为已经有了极大改善，在教室里更加自信，也交了好几位朋友。在父母陪伴下，她学会了如何玩耍，平板电脑对她来说不再那么重要了，因为她可以做一些更有趣的事情。

 危险信号

●屏幕设备由孩子而不是父母控制。父母不知道设备在哪里，不知道孩子在什么时间使用，也不了解他们使用的时长。

●为了让孩子停止使用屏幕，家里常常发生争执。

●孩子把屏幕设备放在自己的卧室。如果家里不允许，他们就藏起来偷偷使用，常常抱着屏幕睡觉。

●因为过度使用屏幕设备，孩子难以入眠，或者睡眠模式受到影响，经常感觉疲倦。

限屏教育
UNPLUGGED PARENTING

 解决办法

● 在给孩子购买屏幕设备之前,父母需要问问自己:孩子是否有时间概念?是否懂得物品的价值?是否在约定的屏幕时间结束时能够轻松地放下设备?如果答案是否定的,那么孩子还不具备在无监管条件下使用屏幕的能力。

● 不管设备归谁所有,使用屏幕必须受到监管。家长必须制定严格的规则,设置界限。

● 拥有自己的电子设备很可能会让孩子产生控制感的错觉——"这是我的平板电脑,我可以随便怎么使用",家长必须从一开始就让孩子们知道家里谁说了算,拥有屏幕设备并不等于拥有控制权。

第三章

上网时间——多长是太长

大部分家长其实并不清楚孩子究竟在屏幕前花费了多长时间，他们甚至会否认孩子使用屏幕太久的事实。对孩子而言，太长的屏幕时间肯定是有害的。

CHAPTER

3

CHAPTER 3 第三章 上网时间——多长是太长

孩子每天上网的时间多长合适,太多屏幕时间的后果如何

经常有家长问我:"孩子上网的时间应该多长?"

对于一个9岁孩子来说,每天玩Xbox游戏机两个小时是否太久?7岁孩子每天可以用多长时间的平板电脑?到底多长时间就算是太长?

对于那些承认现在的孩子无法避免屏幕时间的家长来说(比如我),必然会思考:孩子每天使用屏幕的时间是否存在一个理想的安全时限?

如果家长希望找到一个官方指导,那么很不幸的是,你无法在英国找到。对于孩子的屏幕时间,英国现在并没有一个官方建议。基于数字技术不断改进的事实,美国儿科协会最近修改了他们的指导意见。他们建议给2~4岁孩子的屏幕时间控制在每天一个小时;对于6岁以上的孩子,他们只是说家长应当"限制数字媒体"。他们认为重点在于由家长来制定规则,监控孩子使用的媒体类型,而且在这两个方面始终如一地坚守规则。他们还说,家长必须确保屏幕时间不会影响孩子的睡眠、锻炼和健康的生活习惯。

其他国家或地区对这个问题更加关注,比如有的地方已经通过一条法律严格要求父母监控孩子的屏幕时间,对那些18岁以下使用屏幕"时间太长"(并没有明确给出具体的时间长度)的孩子,政府将对他们的

父母处以1000英镑的罚款。类似措施在中国和韩国也存在。

从我的经验来看,大部分家长其实并不清楚孩子究竟在屏幕前花费了多长时间,他们甚至会否认孩子使用屏幕太久的事实。每到周日清晨,我儿子往往会在我起床之前醒来,悄悄地使用自己的平板电脑。他总能悄默声地做到这一点,避免吵醒我,从而保证自己可以完全不受干扰地上网。这样一来,我根本不知道他究竟会用多久电脑,而他自己肯定是不会记录时间的。我接触过的很多家长都说他们孩子大概每天上网一个小时左右。但是在我要求之下开始真正记录时间以后,他们总是很惊讶地发现实际上网时间远远超过一个小时。

所有的证据都显示,潜伏期孩子的屏幕时间长得让人担忧。英国宣传局的一个关于英国媒体使用的报告估计,3~4岁孩子每天在屏幕前的时间长达3个小时。5~7岁孩子4个小时,8~11岁则达到4.5小时。最近的一个调查发现孩子们使用屏幕达到了平均每周17个小时——几乎是外出玩耍8.8小时的两倍。按照心理学家艾瑞克·席格曼博士的说法,现在在英国出生的孩子,等他们长到7岁的时候将在电视、电脑和电子游戏上花费大约一整年(按照每天24小时计算)的时间。假如我告诉一位小学生家长,他们的孩子已经在屏幕前花费了孩子短短生命中一整年的时间,我觉得没有人会相信我,但这的确是一个全球性的问题。2010年美国的研究发现,8~10岁的孩子在校外使用数字媒体的平均时间居然达到惊人的每天8小时,甚至超过了他们在学校的实际时间!

研究还显示孩子们在屏幕前的时间太长的话,他们就有可能变成病态(或者问题)游戏玩家(病态游戏玩家指那些因为沉迷电子游戏而出现严重社交或者情绪问题,却无法自控的人)。最近的一个研究发现,那些病态游戏玩家最开始玩游戏的时间为每周31个小时,而那些从来不

CHAPTER 3   第三章 上网时间——多长是太长

曾达到病态程度的人则是平均每周19个小时（每天2~3小时）。我认为，这个研究更加证实了尽早开始控制屏幕时间的重要性。

太长屏幕时间是否有害

简明扼要地回答，是。在屏幕时间如何影响儿童这个问题上，科学家和研究者的工作还只是触及了冰山的一角，但是这已经足够令人警醒。为了找到多动症的诱因，2500名儿童接受了一个研究。结果显示，一天当中儿童看电视的时间每增加一个小时，发生注意力相关问题的概率就会增加10%。

最大的问题是，某些类型的屏幕时间会引发肾上腺素的释放，包括所有令人兴奋、恐惧、紧张或者刺激的节目。比如，观看自己所忠诚的球队的关键比赛，或者你的游戏角色生命力降到低限。肾上腺素在人感觉到威胁的时候就会释放，不管这种威胁是否真实存在。这些威胁包括身体胁迫、恐惧、兴奋、冒险行为、太过强烈的光线、吵闹和温度太高——而这些大部分都会在屏幕时间出现。你的孩子在玩电子游戏过程中感受到的兴奋很有可能就会引发肾上腺素反应。

有些游戏的分级达到12、16，甚至18[①]，我强烈反对让潜伏期孩子接触这些级别的电游。然而，大部分为潜伏期孩子设计的流行游戏，比如说《我的世界》（适用年龄为7岁+、10岁+，甚至4岁+），依然存在很多兴奋和危险的因素。

潜伏期孩子的想象力往往生动逼真，很容易陷入幻想中。他们很容

---

① 英国电脑游戏的分级在本书第146页有详解。——译者注

易被刺激性强的网游所吸引，引发生理反应。作为父母，无法想象我们会让孩子坐上永不停止的过山车，每天坐好几次旋转木马，或者让他们持续兴奋好几个小时。在真实世界里，我们不会这样做。但是在数字世界里，我们却放任孩子。

为什么太多的肾上腺素对孩子有害

肾上腺素是在感受到焦虑时身体所分泌的一种激素。这种激素让我们在面对紧急状况时有更多的能量来处理危机。肾上腺腺体最主要的功能是让身体瞬间进入"战斗或者逃跑"模式，血压心率快速增高，感觉更加敏锐，能量瞬间释放，保证我们能够尽快逃离危险。

与此同时，问题也涌现出来。因为每次肾上腺素分泌的时候，身体都会分泌可的松。可的松和肾上腺素一样也对身体有危害。可的松是一种"应激激素"，可以增加血压和血糖，同时降低免疫力。太多的屏幕时间会让我们更加焦虑，产生过多可的松。累积至高水平以后，可的松会摧毁我们的肌肉骨骼，损伤消化系统，并减少身体各种重要激素的分泌。

可的松也会影响情绪，导致焦虑加重。对孩子来说，过多的屏幕时间，便意味着让身体承受这些对健康有害的化学攻击。长时间坐在屏幕前会让我们的孩子筋疲力尽，身体受到损伤。

处于潜伏期的孩子，大脑还不够成熟，恢复力也比较弱，可的松的危害性就更加明显。潜伏期孩子的大脑具有很强的可塑性（神经科学家用这个词来形容大脑面对不同需求时，组织或者重新组织神经细胞的能力）。这个阶段的孩子们处在大脑发育的一个关键期，大脑在持续铺设新的神经通路，获得新的技能。我们绝不希望让应激状态下泛滥的可的松来破坏大脑发育。持续高水平的可的松除了损伤大脑外，还和高血压、糖尿病以及激素失衡有关。

家长可以怎么做

不管是什么类型的屏幕活动，一旦注意到孩子心率增加、体温升高、出汗、烦躁不安、大声喊叫，以及呼吸加快，家长就需要警惕。这些就是肾上腺素分泌增加的表现。这种反应很少在看电视或者视频的时候出现，除非是在观看体育比赛时。这种情况多发生在孩子玩电游（线上或者线下），战斗激烈或者生命力消耗的时候。家长必须尽快想办法控制或者限制这种类型的游戏。

家长们一定要记住，不同的孩子对不同游戏、应用程序和上网经验的反应是千差万别的。

家长应当遵循以下准则：

● 密切观察孩子的反应。

● 观察并分析孩子是否表现出了"战斗或者逃跑"的模式：过分激动、过度反应或烦躁不安。

● 注意孩子在离开电子设备的时候的表现。观察他们是否出现攻击性行为或者过于亢奋。

安全限度

每个孩子都不一样，对屏幕时间的反应也不同，很难给所有孩子设定一个"统一限制标准"。我建议，潜伏期早期的孩子（4~7岁）每

天玩过激（引发肾上腺素释放）游戏的时间不应当超过 60～90 分钟，潜伏期后期的孩子（8～11 岁）不超过 90～120 分钟。这仅仅是指使用屏幕的时间，并不包括看电视。这些时间最好分成 2～3 次，每次大约 30 分钟。

中场休息的好处

要避免孩子持续长时间上网，必须把这些时间分成小段。对于潜伏期早期的孩子，一次最多半个小时，大一点的孩子一次最多 45 分钟。如果孩子们在玩那些诱发肾上腺素的游戏，中场休息则尤其重要。持续的亢奋状态会损伤年幼的身体，所以必须有所限制。其实在各种类型的屏幕时间里，有规律的休息都一样重要。这可以减少身体伤害，包括眼睛疲劳（就好像我们工作时候看电脑一样）。

"有意识使用"的迷思

有些专家宣称，与其让家长控制和限制孩子的屏幕时间，还不如教会孩子们从小掌握"有意识使用"屏幕的概念。然而我不得不说，我对这个观点的可行性抱有怀疑态度。屏幕一个最大的特点便是让人全神贯注，就像前文所说的那样，潜伏期孩子并不具备足够的认知技能，难以感知自己究竟使用了多久的屏幕，让他们主动关闭设备是非常困难的。考虑到孩子的年龄和发育阶段，我觉得还是需要家长进行干预。一个研究发现，一旦家长开始限制屏幕时间，孩子们的睡眠、在学校的表现和学业表现都会有不同程度的改善，身体也更加健康，甚至连体质指数也

CHAPTER 3　　第三章　上网时间——多长是太长

会受到影响。研究者发现，控制屏幕时间以后，孩子有了更多睡眠时间，发生肥胖的概率也跟着下降。

我相信，随着孩子们年龄的增长，他们的认知技能增强，自我调节能力增加。那时候再帮助他们设计自己的时间，并增加机动性，将更加现实可行。

>>案例分析<<

6岁的山姆在家里的行为让父母非常担忧，他们向我寻求帮助。他们向我描述，最近孩子常常因为一点小事就被激怒，大声嚷嚷，扔东西，痛哭流涕。以前山姆可不是这样的，他喜欢在室外玩耍，大部分时候表现良好。家里后院有一个足球门网，他很喜欢和爸爸一起踢足球。不久前他过生日的时候得到一个迷你平板电脑，他超级喜欢。山姆在学校没有问题，和朋友相处也很好，家里也没有发生什么可能引发他行为改变的事情。

疗程

虽然山姆和父母都承认家里出现了很多争执，但是他却不愿意就自己的行为问题和我进行沟通。相反，他兴致勃勃地聊起了自己的平板电脑，还有他最喜欢的游戏——《我的世界》。

疗程一开始，我就请家长每天记录这些争执发生的时间，以及争执发生之前的事件。他们很快注意到山姆总是在一些常见的情况下发脾气，比如说晚饭时间、睡觉时间还有家庭作业时间——几乎每次都发生在他们要求山姆停止使用电脑的时候。

限屏教育
UNPLUGGED PARENTING

这些记录也让他们注意到山姆使用电脑的频率。最开始我问他们的时候,他们估计山姆每天大概总共使用一个半小时。应我要求开始记录孩子实际使用电脑时间以后,他们惊讶地发现,山姆每天上网的时间居然达到了4个小时!上学前、放学后、晚饭后、睡觉前,孩子都挂在网上,周末更是如此。

随着讨论深入,他们也开始意识到孩子几乎不再进行那些他喜欢的活动,比如乐高、户外玩耍。家长不得不经常诱劝他关上电脑去做别的事情。家里变成了战场。山姆越来越频繁地躲在自己的房间里专心玩电脑。山姆的妈妈尤其感觉到孩子越来越疏远家人。她还注意到孩子心情的变化,为他的情绪健康而担忧。非常明显,山姆在电脑上花费了太多时间,简直是沉迷其中——不管走到哪儿都要带上电脑。

干预

山姆和父母一起制订了一个日程安排,规定好每天使用平板电脑的时间和时长。他们一起选定了那些对整个家庭都更加便利的时间——比如,不能在上学前使用,因为这个时间太紧张,会让所有人迟到。他们还修改了平板电脑的设置,确保在使用半个小时后会自动关闭。孩子可以自己选定使用平板电脑的时间——但是总时长在工作日不能超过90分钟,在周末不能超过120分钟。他们还鼓励山姆继续以前的爱好,比如说乐高,或者和爸爸一起去户外踢球。家长也更加有意识地努力去了解山姆在平板电脑上玩些什么,甚至和他一起讨论那些他喜欢的游戏。

CHAPTER 3　第三章　上网时间——多长是太长

结果

　　山姆的行为慢慢地得到了改善。最初他很抵触，到了不得不关闭电脑的时间他就发脾气。刚开始，父亲倾向于妥协，允许他再玩一会儿。然而，在接下来的疗程中，我对家长强调了执行规则时保持一致性的重要性。一两周后，山姆就接受了新的常规。

　　随着屏幕时间的减少，山姆很自然地重新捡起了那些他以前喜欢的活动。家长反映孩子更加快乐平和了，家里的冲突也少了很多。他们感觉到孩子很乐于知道自己可以做什么不可以做什么。设置这种屏幕时间规则对于潜伏期孩子来说非常有效，因为这个年纪的孩子乐于遵守自己的边界，而且常常希望取悦父母。明确的规则可以帮助孩子更加清晰地认识身边的世界，这样，他们的焦虑感也就会减少很多。

 危险信号

　　如果你观察到孩子的行为出现了以下情况的改变，很可能和太长的屏幕时间有关：

- 他们更容易为了一点小事就出现大的情绪起伏。
- 他们情绪更易低落，出现更多哭泣，情绪忽高忽低，情绪更加容易失控。
- 他们在被要求关闭电子设备的时候爆发脾气或难过焦躁。
- 他们出现睡眠问题，包括难以入睡或者失眠。已经习惯独自睡觉的孩子则可能再次需要父母陪睡。
- 兄弟姐妹之间冲突争吵增多。

限屏教育
UNPLUGGED PARENTING

● 开始跟父母顶嘴，更加顽固、抗拒、不合作。

● 社交开始出现问题——他们更喜欢和朋友争吵，或者远离好朋友自我孤立。

● 他们不再想做以前喜欢的事情，自由时间几乎全部用来玩屏幕设备或者上网。

● 他们不再玩以前喜欢的玩具，比如乐高。

● 他们恨不得把全部时间用来玩屏幕设备，每天早上起来或者放学以后第一件事情就是想要玩游戏。

如果上网已经影响了孩子的睡眠、家庭作业和友谊，影响了他们的行为和情绪，家长就必须及时参与进来，进行干预。

解决办法

● 和孩子一起制订家庭的屏幕使用规则，并且用孩子能够理解的方式记录下来。这些规则除了针对屏幕时间以外，还可以涵盖所有日常行为（比如说睡觉、家庭作业、整理房间等，并不仅仅是与屏幕相关）。

● 设定一张时间表，规定孩子可以或不可以使用屏幕的具体时间（比如，不能在早饭时间前，必须在穿好上学衣服或完成家庭作业以后），这个时间最好适合家庭日常生活的习惯（可以用图片来帮助孩子更好地理解时间表）。

● 时间表上应当包括一些例外时间，这样可以更加清晰，避免孩子出现困惑。比如，周末时，孩子每天可以多一个小时的屏幕时间，但是在有家庭活动的时候，这个时间可能需要相应调整。

● 何时何地使用电子屏幕必须根据家庭情况进行限制（比如，不能

CHAPTER 3　　第三章　上网时间——多长是太长

在餐桌旁或卧室里使用）。确保家里所有人，包括家长都遵守这条规则。

● 家长必须监控孩子使用屏幕，掌握孩子遵守规则的情况（我很怀疑大部分家长能不能做到这一点）。

● 在孩子上网或者使用屏幕的时候尽量多和孩子发生互动，让孩子看到你对他所做的事情感兴趣。经常和孩子聊一聊他们看的节目和玩的游戏。如果孩子在盯着屏幕的时候对你不做任何反应，记得在屏幕时间结束以后再跟他们沟通。

● 在孩子的设备上加上一个时间提醒，给他们一个关电脑的清晰信号。也可以使用厨房闹钟或倒计时程序。

● 在你不希望孩子上网的时间（比如说上学前、6点后）关闭屏幕设备的网络信号。

第四章
屏幕时间如何影响孩子的身体健康

研究发现,屏幕时间与肥胖以及 II 型糖尿病危险标志物(尤其是胰岛素抵抗)之间存在很强的相关性。

CHAPTER

4

CHAPTER 4 第四章 屏幕时间如何影响孩子的身体健康

肥胖、睡眠问题和数字世界之间的关联不可否认——如何确保屏幕时间不影响孩子的运动

肥胖已经成为一个全球性的问题。英国儿童肥胖已经创下历史最高纪录。英国儿童测量规划每年都会为一百万在校儿童测量身高体重。他们最近的数据显示，10～11岁儿童体重超标甚至肥胖者超过三分之一，4～5岁儿童则超过五分之一。很多医生都认为，现代英国儿童成为"史上身体活动最少"的一代，而屏幕便是罪魁祸首。有关统计数据更令人沮丧：约有一半的7岁儿童每天的活动时间都没有达到60分钟的标准。一般来说，年龄越大，身体活动的时间越少。这一代儿童年幼时的活动时间已经这么少。等到他们成年，健康很有可能会成为一个非常严重的问题。

另一个大规模研究发现，千禧年初诞生的孩子到了11岁的时候，每5个人里就有一个人肥胖。千禧年队列研究跟踪了在英国出生的1.3万名儿童，结果发现，这些孩子的肥胖率在7～9岁间突然增高很多。为什么会出现这个现象？因为潜伏期早期的孩子（6岁以下）有非常多的机会到处跑跑跳跳，而且大部分家长都会把孩子带到公园或者室内游乐场去，让他们自由奔跑。孩子长大后，自主性增强，闲暇时间可供选

限屏教育
UNPLUGGED PARENTING

择的活动项目更多了,同时也更多地面对屏幕诱惑。他们中的不少人不再愿意去外面跑跑跳跳,而是选择坐下来面对屏幕。

在我的工作中,遇到早期体检(这里专指测量身高体重)体重超标的孩子越来越多。事实上,这个问题早在潜伏期前就出现了——在幼儿当中,屏幕依旧是缺少活动的罪魁祸首。一项最近的基于政府资料的研究发现,由于在各种小型屏幕设备上花了太多的时间,10个幼儿中就有9个缺乏足够的运动。这份报告显示,10名幼儿中仅有一位的运动量足够保障身体健康。2~4岁儿童中仅有9%达到了英国的指导标准(建议每天至少3个小时活动量),而高达84%的学龄前儿童每天的活动量甚至不到一个小时。

这些现象的后果将非常严重。相当多的证据显示,长时间静坐会导致未来出现健康问题。安静的生活方式和肥胖、心血管疾病和中风都有相关性,还和抑郁症以及女孩子早熟相关。

在最近的一项研究中,研究者对4000多位9~10岁的小学生进行了调查,发现每天在屏幕前端坐3个小时以上的孩子,和那些保持足够活动量的孩子比较起来,体重和体脂都要明显高出不少。这个研究还发现,屏幕时间与肥胖以及II型糖尿病危险标志物(尤其是胰岛素抵抗)之间存在很强的相关性。

身体活动对于儿童的身心发育具有极其重要的影响。对于年幼的孩子来说,缺少足够的活动是健康最大的威胁。正常的健康发育离不开很多身体活动(比如跑步、双脚跳、单脚跳和扔东西)。孩子缺少这些重要的活动,大肌肉运动技能和平衡协调力很有可能出现发育障碍。

潜伏期为进入青少年和成年做准备,对于孩子来说至关重要:为了顺利度过更为复杂微妙的生命阶段,潜伏期的孩子需要发展很多技能,

CHAPTER 4　第四章　屏幕时间如何影响孩子的身体健康

包括社交技能和情绪控制技能。

现在的孩子和 5 ~ 10 年前的孩子相比较，这些方面的技能存在很大缺陷，这一点让我非常担忧。我提供服务的很多小学开始要求预备班的孩子在有体育课的那天，必须穿好运动服上学。唯一的理由是那些孩子换运动服太拖拉！很多老师都跟我抱怨说，预备班里相当大一部分孩子不会自己穿衣服。很明显，老师不可能在体育课前有足够时间给班上大部分孩子换衣服。这个现象是近年来才出现的。10 年前我女儿上学的时候，这样的事情是闻所未闻的。

屏幕时间和肥胖之间的关系

虽然没有一位医生敢肯定地说屏幕时间过多会导致肥胖，但是两者间的关系是不可否认的。美国最近的一个研究调查了 1 万名学前班儿童，发现那些每天看电视超过一个小时的孩子，和看电视较少的同学们相比，发生体重超标的概率高出了 52%。每天在电视前超过一个小时的孩子发生肥胖的概率高出了 72%。而这些屏幕时间太多的儿童更有可能成长为肥胖少年。研究者还发现，当家长开始限制屏幕时间以后，肥胖的发生率便会减小。

不活动，把孩子关在家里

我觉得孩子严重缺少活动的现状和社会变得越来越怕担风险有关系。现代育儿越来越重视"孩子的安全保障"。在 1980 年之前，孩子们可以随便和朋友们外出玩耍，只有肚子饿了才想着回家。现在呢？绝大

限屏教育
UNPLUGGED PARENTING

部分家长都不会允许这样，因为他们总是担忧外面的种种危险——绑架、陌生人、车祸等等。我们中的大部分人普遍认为，让孩子在没有大人监管的情况下去外面玩是很危险的。为了避免这些想象中的风险，家长们情愿把孩子们关在家里，以确保他们安全。但是，更多室内时间往往意味着更多的屏幕时间。

家长们把孩子关在室内以确保自己可以看到孩子，保证孩子安全。然而这样一来，孩子在家里使用屏幕的时间更多了，并且很少受到家长监管。这听起来很有点讽刺意味，孩子们一旦开始使用屏幕，就比在外面玩耍更加不受家长监管。如果屏幕时间太长，遭受身体和社交伤害的风险反而比在外面玩耍更大。

允许孩子无聊的重要意义

孩子们需要感觉到无聊。潜伏期孩子需要掌握的一种重要能力就是给自己找事情做。不幸的是，现代家长们根本不允许孩子们感到无聊。在我成长的 20 世纪七八十年代，家长非常放手，孩子往往自己能够找乐子。我的父母从来不会给我什么东西来供我娱乐，我必须自己找事情做，而且不能惹麻烦——很多时候我就跟一帮朋友出去玩。和那时候相比，现在的育儿需要父母更加积极主动地参与，和孩子们一起玩。

从某些方面来说，这是一种进步，因为这意味着父母更能够理解孩子的需求。但是，我又担心现在的家长越来越倾向于变成"直升机家长"，他们时刻盘旋在孩子头顶，确保他们随时有好玩的事情，玩得开心。家长们需要接受这样一个现实：孩子也会有感到无聊的时候。但是，在孩子们说自己感到无聊的时候，很多父母会怎么做？他们马上就会打开屏

CHAPTER 4 第四章 屏幕时间如何影响孩子的身体健康

幕。屏幕并不是无聊的解药，它们只是转移了孩子的无聊感觉。潜伏期的孩子需要感觉到无聊，因为这是他们学习解决问题，发展创造力、玩耍技能和社交能力的时刻。这也可以促使他们自主寻求答案，而不是马上向他人求助。潜伏期极其重要的一个部分，就是学会在面对问题的时候自己寻找解决方案。即使和父母同时在家里，潜伏期的孩子也必须能够自己独立玩耍。如果孩子没有这个能力，我很担心他们还没有发展出足够的想象力和创造力来自我娱乐。解决这个问题的办法是让孩子更多地感到无聊，而不是相反！

让屏幕时间动起来

在大部分屏幕时间里，孩子都没有身体活动。平衡这种状态的一个办法就是鼓励孩子尝试一些需要活动的电子游戏。现在市场上有很多的游戏机鼓励游戏者动起来，比如说任天堂的 Wii 游戏机。《精灵宝可梦》也鼓励游戏者走到外面去抓精灵。还有类似于舞力全开和舞蹈全身这样的跳舞游戏。这些游戏一样需要受到家长管控，但是研究显示参与这些需要活动的电子游戏，其活动强度接近于慢中速散步、跳跃或者慢跑。研究者还发现和身体静止的电子游戏比起来，这些互动游戏让孩子的体质指数得到了轻度下降。

屏幕时间和睡眠

屏幕时间影响健康的另外一个重要方面是睡眠。现今，孩子们的睡眠时间在持续减少，而屏幕时间是其中一个主要原因。研究显示，使用

限屏教育
UNPLUGGED PARENTING

屏幕导致上床时间推迟,睡眠时间缩短。然而还是有高达89%的孩子在临睡前使用平板电脑或者其他屏幕设备。92%的家长承认他们为孩子临睡前使用屏幕而担心。屏幕时间不但影响睡眠时长,还影响睡眠质量。有研究发现,青少年在睡觉前玩让人兴奋的电脑游戏会显著减少快速眼动期的睡眠——也就是深度睡眠。深度睡眠间断产生,特点是眼睛快速运动、做梦、心律呼吸增快。大脑和身体在深度睡眠期间进行能量补给。深度睡眠还和记忆储存、学习和情绪平衡有关,虽然背后的具体机制还不大明了。从入睡开始,我们一般会经历五个阶段,其中深度睡眠是第五个阶段。缺少深度睡眠会削弱人们学习复杂任务的能力,和长期失忆、体重增加以及偏头疼都有关。对于儿童来说,其大脑处于快速发育中,深度睡眠尤其重要。和成年人比起来,深度睡眠在婴幼儿的睡眠中所占比例明显高出许多——成年人的深度睡眠大概占全部睡眠时间的20%~25%,新生儿则占到80%。

黑色素是一种诱发睡眠的激素。我们体内的黑色素水平在白天很低,在睡前几个小时里开始释放,在半夜则达到高峰。在这样一种生物钟的调节和重启过程中,最为有效的因素是光线。昏暗的自然光令我们的身体释放黑色素。来自屏幕的光线和自然光比起来,蓝光的组成部分更多,而蓝光是所有波长光线中最影响黑色素释放的。

睡眠质量对于健康、情绪和学习都非常重要。如果屏幕时间导致孩子不能得到足够多的高质量睡眠,那么孩子在白天就会感到困倦,学业成绩自然就会受到影响。有人研究科技如何影响学习和记忆,他们请10位学龄孩子(平均年龄13.5岁)在第一天晚上打60分钟电子游戏,在第二天看60分钟电视节目,在第三天则不接触屏幕。孩子们需要完成家庭作业,这些作业需要他们记住很多信息。然后在睡前2~3个小时,

CHAPTER 4　第四章　屏幕时间如何影响孩子的身体健康

下午 6 点钟左右时，开始接触屏幕。他们会接受两次家庭作业测试，第一次在完成家庭作业后即刻进行，第二次则在之后的 24 小时进行。玩电子游戏的晚上，睡眠受到干扰（上床时间也比平时晚了 20 分钟），对家庭作业内容的记忆也受到干扰。看电视则没有类似影响。研究者认为，在玩电子游戏的时候，孩子们的语言记忆功能降低。另外一个可能的原因就是睡眠受到了干扰，因为好的睡眠可以增强记忆。考虑到这个实验中，屏幕的使用只有每晚一个小时（很多孩子的实际使用时间远不止一个小时），而且是在睡前几个小时（理论上来说不应当影响睡眠），这个实验的结果就更加令人警醒了。

屏幕时间和睡觉时间

我的观点是，潜伏期孩子的卧室里不应当有任何屏幕设备。俗话说，"眼不见心不烦"。如果孩子在卧室使用屏幕，尤其是睡前或者熄灯后，家长的监管力度必然降低。

大部分的屏幕都会给人强烈的视觉冲击，令人兴奋。就像我在第三章里说过的那样，会引发肾上腺素分泌，强烈刺激神经系统。

在睡前使用屏幕会令孩子无法安静放松。大脑如果不断接受刺激，就难以停止脑部活动，从而影响入睡。我的建议是关闭屏幕设备的时间至少比睡觉时间提前半小时，对于更年轻一点的孩子来说，最好提前一个小时。

帮助潜伏期孩子养成良好的睡眠习惯

四五岁的孩子一个晚上通常需要 10～13 个小时睡眠，6～11 岁的孩子需要 9～11 个小时。以下是帮助孩子养成良好睡眠习惯的一些小贴士：

● 争取每天按时睡觉和起床，即使周末也最好不要例外。固定的作息时间可以帮助孩子睡得更好。周末晚睡晚起会打乱孩子的睡眠习惯，好几天都难以恢复正常。坚持固定作息时间就是在调试孩子的生物钟。

● 床只能用来睡觉。躺在床上做其他事情（比如说看电视、吃东西或者使用平板电脑）会让孩子的大脑对床和睡眠之间的关联变得模糊。

● 确保孩子的卧室保持光线昏暗，安静，舒适，温度适宜。确保床旁没有孩子能够轻易够到的玩具，或者任何会让孩子分心的东西。

● 闹钟是用来唤醒孩子的。如果你的孩子在准备睡觉的时候总盯着闹钟，那最好把闹钟拿走。

● 设定一个睡眠程序。睡觉前需要做一系列事情，比如刷牙、洗澡、穿睡衣、读睡前故事等。这些都在提醒孩子，该准备睡觉了。

● 在睡觉前，孩子们只能做一些安静平和放松的活动，比如读书听音乐。避免刺激性强的活动，比如屏幕时间（电视或者电脑）和身体运动。

● 确保孩子白天有足够的运动量。运动可以让孩子在白天精力旺盛，更容易集中注意力，到了晚上则更容易入睡，而且整晚安睡。

＞＞案例分析＜＜

一开始我受邀去帮助贝拉的哥哥，因为她哥哥患有糖尿病。在和这个家庭互动的过程中，贝拉的妈妈提到自己对五岁女儿的担忧。她说，

CHAPTER 4　第四章　屏幕时间如何影响孩子的身体健康

贝拉越来越懒惰,体重也超标了。她儿子需要很多额外帮助,尤其是晚上。作为一个单亲妈妈,她实在分身乏术,便给贝拉买了一台游戏机和平板电脑让她自己玩。贝拉把游戏机和电脑都放在自己的卧室。在过去的几个月里,老师开始反馈说贝拉不愿意到教室外面玩耍,而且在学校体重筛查的时候被确认为体重超标。孩子还经常头疼。

疗程

贝拉的妈妈很担心自己的女儿,但她万万没有想到罪魁祸首恰恰是自己送给孩子的游戏机和平板电脑。我一再向她提起那些电子设备,她才意识到孩子每天用在屏幕上的时间实在太多了,尤其是睡前的那段时间。我还提醒她,孩子上网的时间太长,眼睛疲劳,就有可能引发头疼。我询问贝拉的睡眠模式,她的妈妈说,她常常翻来覆去睡不着,睡着以后也会多次醒来,而且一旦醒来就无法再次入睡。结果,每天早上孩子都赖在床上起不来。老师说她在学校总是一副疲倦的样子。太多的屏幕时间让她总是觉得累,学习和人际关系也跟着受到影响。她的脾气变得很坏,喜欢和同学争吵。她的体重问题也更加严重起来。由于体重增长,贝拉更不愿意去外面玩耍。放学后她只想躺在沙发上,找一些高糖分食物来稍稍缓解自己的疲倦。

干预

首先我请贝拉的妈妈把所有的电脑和游戏机从贝拉的卧室里拿走。孩子可以使用屏幕,但是在上床睡觉前的一个小时里,她必须关闭所有的屏幕。接下来我和贝拉的妈妈一起帮助贝拉形成一套睡眠程

序，就像贝拉一两岁时那样。我们还请了一个人来帮助贝拉的哥哥，这样妈妈就有了和贝拉一对一的时间。这些一对一的时间对于贝拉来说尤为重要。贝拉的妈妈会帮助她泡澡，穿好睡衣，然后在她的卧室里一起待上10分钟，读故事，或者聊聊天。

结果

在形成良好睡眠常规，并且保证睡前关闭屏幕之后的几个星期里，贝拉终于能够很快入睡——她白天也就不再那么疲倦，不过她还是有半夜醒来就睡不着的情况。我向她妈妈解释说，每次贝拉半夜醒来，她都必须坚持把孩子送回床上，帮助孩子学着如何重新安定下来。

随着睡眠状况的改善，贝拉和妈妈的精力都得到了很好的改善。贝拉的妈妈开始意识到自己可以为了女儿而改变，而且实施起来也没有想象中那么困难。这令她信心大增，也更有动力来处理家庭的日常规范。在游戏机和平板电脑的监控问题上，她也变得更加严格，把屏幕时间从每天3个小时缩减到了更加合理的1个小时。这对于改善母女关系也大有益处，因为她们每天可以有更多真正相处的时间了。贝拉的妈妈得到更多来自外界的对她儿子的帮助之后，她甚至可以在放学后和女儿一起去公园玩耍，或者去商店购物。这样长期坚持下来，贝拉的体重慢慢减轻了，精力也更加旺盛。屏幕时间减少、睡眠得到改善后，贝拉的头疼便不治而愈了。

CHAPTER 4 第四章 屏幕时间如何影响孩子的身体健康

危险信号

●孩子不愿意外出活动，拒绝参加各种体育运动，比如骑车、跑步、走路和各种团队比赛等。

●他们体重明显增加，稍微一动就气喘吁吁。

●他们对自己的身体没有信心。

●如果孩子不能完成同龄人普遍都会的活动，比如说骑车或者滑板和滑旱冰，家长需要好好分析原因。

●孩子入睡困难，早上叫不醒。

●他们总是一脸倦意。

●孩子常常在使用屏幕设备时睡着。

解决办法

●计算一下孩子每天静坐或者不活动的时间，记录他们每天使用屏幕的时间，给每段屏幕时间涂上醒目的颜色。最后结果往往会令家长惊讶无比。

●允许孩子感到无聊。设定一个计时器，告诉他们，如果15分钟以后他们还是无聊再来找你。大部分孩子都能在15分钟内给自己找到事情做。千万不要在孩子一感觉无聊时就给他们屏幕。

●把运动和身体活动当作家庭首选。

●运动不是选修课，而是必修课。

●想办法增加身体活动（这会对屏幕时间产生继发影响）。比如选择走路而不是开车上学，那么就必须更早出门。很自然的，早上就不可

能玩电子游戏了。

●鼓励孩子参加当地的体育俱乐部或者团队比赛。

●给屏幕设备设定一个"睡觉时间"——时间一到,所有的设备都必须关闭、充电,集中放在一个房间里(最好也包括家长的)。

●确保孩子有一个合适的睡眠程序(程序不能包括屏幕时间)来进行睡前舒缓,比如说泡澡、淋浴、讲故事或者安静阅读。

●决不允许屏幕设备在孩子的卧室过夜。

第五章

网络成瘾

研究显示,网络成瘾和大脑某些区域的功能和结构改变有关。大量的屏幕使用会影响大脑处理情绪、集中注意力、持久专注、权衡信息以及做出决定的能力,从而最终影响思考。

CHAPTER

5

CHAPTER 5　第五章　网络成瘾

孩子沉溺于屏幕，家长如何采取行动挽救
屏幕设备使用失控，家长如何取回控制权

在我们谈话疗程的大部分时间里，8岁的本一直是低头耸肩地坐在椅子上，一言不发，一脸怒气，一点儿都不配合。可是，只要我一提起电子游戏《我的世界》，他就好像被人点击了转换器，突然就活过来了。他的眼睛亮了，滔滔不绝地讲起了他最新修建的建筑的每一个细节，讲起自己如何用TNT（一种烈性炸药）炸掉僵尸，如何找到魔法水。在他讲述游戏的时候，他的妈妈看起来忧心忡忡。这个电游显然已经成为他最热衷的活动。后来，他的妈妈告诉我：

他只会聊游戏。他唯一想做的事情就是玩《我的世界》。我让他玩得越多，他就越是想要玩，永远也玩不够。为此，引起了太多的争吵。

他偷偷地把平板电脑带到自己的卧室里，整晚整晚地打游戏，到最后筋疲力尽。他不打游戏的时候就在油管上看别人打游戏的视频。他连做梦都梦见游戏，梦话说的都是"我的世界"。

他应该像以前那样和朋友们踢足球，但是他现在对足球一点儿都不感兴趣了。我担心他是不是已经对游戏上瘾了。

限屏教育
UNPLUGGED PARENTING

本的妈妈说得对吗？一个潜伏期的孩子真的会对屏幕上瘾吗？专家们在这个问题上一直存在争议，无法确定究竟是网络使用失调（internet use disorder，IUD）还是网络成瘾（internet addiction disorder，IAD）。2013年5月，美国心理协会首次将网络使用失调一词引进了《精神健康疾病诊断和统计手册》，并且注明这个领域需要进一步的研究。这本手册是心理学家诊断精神健康障碍或疾病的标准。

网络成瘾是一个全球性问题。美国涌现出大量康复中心来帮助患有网络使用失调的年轻人。中国据说有30%的青少年对网络成瘾，有很多类似军事训练营的机构来帮助那些青少年戒断网瘾。韩国也很早就将网络成瘾视为健康危机。

网络成瘾在英国还没有得到正式认可。然而当研究者将病态（有问题的或者不健康的）赌博的诊断标准用在英国青少年游戏者中的时候，他们发现，每5个青少年中就有1个达到了成瘾的诊断标准。

不管究竟是不是成瘾，像本这样处于潜伏期的孩子表现出对屏幕这般依赖，显然不是一件好事。我见过太多的家长，因为孩子沉迷于屏幕而担心，甚至绝望。

为什么潜伏期孩子尤其容易对屏幕成瘾

潜伏期的孩子尤其容易上瘾，因为屏幕恰好满足了孩子在这个生命阶段中对秩序和控制的需求。这个年龄的孩子常常会对某些东西着迷，一旦他们喜欢什么，不管是足球卡贴纸、橡皮手绳、精灵宝可梦卡还是购物精灵，他们就真的会迷进去。他们热切地想要收集所有的卡片，拥有一整套的贴纸或者玩具。一旦你让他们玩电游,不管是《我的世界》还是《精灵宝可梦》,他们很快就会陷进去,难以自拔。屏幕最危害的一点就是其随手可及,孩子们不需要等待每周一次放学后的购物,也不需要耐心积攒零花钱,屏幕就在家里,一伸手就拿到了。这也就意味着,它很容易成为一个问题。

电子游戏和应用程序更是添加了诸多促使人沉迷的元素。它们设计的目的就是为了促使人们的参与,最好是无休止地参与。它们采取奖励驱动:你必须达到不同级别,完成不同的任务,或者收集到一些东西才能赢得奖励或者虚拟贴纸。甚至连教育程序也包含着游戏元素,设计中包含有尽可能强的刺激性,让孩子们很快上钩。

为什么屏幕时间具有这般成瘾性

科学家发现,玩电游会让大脑释放多巴胺。多巴胺被称为"快感化学物",可以刺激大脑的奖励中枢。最近的研究显示,电游所引发的多巴胺释放量等同于药物苯丙胺和哌甲酯(两者均为中枢神经兴奋剂)。事实上,神经科学家已经对屏幕和药物引发成瘾的效率进行了比较。最后发现,大部分游戏者看到他们熟悉的游戏图片时,大脑发生的反应就好像药品成瘾者联想到药品。正是因为这种成瘾效果,洛杉矶加州大学神经科学系主任皮特·怀布朗(Peter Whybrow)博士将屏幕称为"电子可卡因"。我最大的担忧是,如果让年幼的孩子过多地接触屏幕,频繁的多巴胺释放会稀释快感。要获得同样水平的愉悦感,他们就必须付出更多的时间和精力来玩游戏。这样就很容易陷入恶性循环中。

神经科学家也还担心屏幕时间会对大脑产生影响。研究者发现,长

期的网络成瘾（过度的网络使用）的确会改变大脑回路的结构。年幼的孩子正处在大脑发育的关键时期，我们当然不希望他们遭遇这样的改变。

研究显示，网络成瘾和大脑某些区域的功能和结构改变有关。这些区域的主要功能包括处理情绪、执行注意力、决策和认知控制。大量的屏幕使用会影响大脑处理情绪、集中注意力、持久专注、权衡信息以及做出决定的能力，从而最终影响思考。儿童的大脑还在不断发育中，更容易受到过多屏幕时间的负面影响。

成瘾还是着迷

我并不认为大部分潜伏期孩子都面临着成瘾的折磨。在我的经验中，这一类问题大多数还仅仅是着迷，并非临床意义上的成瘾。我们知道，成瘾其实更多的是和习惯、行为以及联想有关。如果你和酒精成瘾者交谈，他们会告诉你，一听到酒瓶或者啤酒罐打开的声音，即使没有喝到嘴里，他们就已经感觉到一阵轻松。这就是联想。停止去吸烟场所，停止和烟友交往，会大大提升戒烟的成功率。如果他们所在的环境总是让人联想到吸烟，他们就会产生渴望吸烟的反应。实际上这种反应仅仅是一种心理上的渴望，并非身体上的渴望。

有一个理论认为，成瘾并非只是受到化学因子驱动，而是一个受到环境驱动的心理问题。这个理论在大鼠公园实验中得到证实。在这个实验里，一组大鼠生活在一个大笼子里，有充足的食物和玩具，还有很多老鼠充当玩伴和配偶。另一组大鼠则被单独关在小笼子里。两组大鼠都可以自由选择从两个水瓶中饮水，一个水瓶中装着自来水，另一个则装着含有吗啡的溶液。研究者发现，单独生活在小笼子里的大鼠饮用吗啡

CHAPTER 5 第五章 网络成瘾

溶液明显多于大鼠公园里的大鼠——前者是后者的19倍之多。大鼠公园里的大鼠总是拒绝吗啡溶液，选择纯水。研究者还做了一组实验，先把大鼠关在笼子里，连续57天只提供吗啡溶液。可是这些大鼠一旦搬到大鼠公园里，很快就自动戒断，只选择纯水。大鼠公园里的大鼠没有一只出现成瘾症状的。基于这个实验，研究团队得出结论，瘾君子的生活环境是他们成瘾的一个原因。

大鼠公园实验让我们看到了环境的重要性。现代社会里，我们越来越与世隔绝。如果一个家庭成员经常使用屏幕设备，那么潜伏期的孩子很快就会加以模仿，而这就让他们更加与世隔离。我们知道，过着充实的、有回报的、有意义的生活的人几乎不可能对什么上瘾或者着迷。一些孩子陷入屏幕时间的恶性循环中，这并不是屏幕时间让他们变得糟糕，而是他们一感觉到糟糕，就会到屏幕中去寻求解脱。孩子们越感觉到自己和家庭社会隔离，就越有可能向屏幕寻求安慰，直到数字世界占用他们越来越多的时间。这便是陷入沉溺的快速通道。

如何从沉溺中脱身

不管你喜欢不喜欢，屏幕时间已经渗透到了所有人的生活中，我们必须确保孩子的生活不受其控制。孩子与真实的人和生活之间的互动一旦被屏幕取代，就会出现各种问题。假如孩子过分依赖屏幕，那就意味着他和你的链接减弱了。在潜伏期，这就是个大问题——网络绝非真实生活的替代品。如果感觉孩子的屏幕时间已经失控，那么我强烈建议家长考虑暂时没收孩子的屏幕设备，过一段时间后再返还，并引导他们合理使用屏幕设备，这样可以避免发生同样的问题。

限屏教育
UNPLUGGED PARENTING

（1）你可以没收屏幕设备，面对并处理随之而来的暴怒和焦虑。过段时间后再严格按照日程安排重新引回。（2）或者减少屏幕时间。如果第二种办法不成功，再没收。

我认为让孩子永远不接触屏幕是不现实的。现在有很多学校的教育工作必须通过屏幕设备来完成。而且终其一生，他们也必须面对屏幕使用的问题。所以最好的办法就是学会和屏幕形成良性关系。完全取消屏幕时间也不能解决背后真正的问题，父母首先要了解孩子为什么会对屏幕着迷，以及应当如何应对。

你必须决定哪一种办法更加适合你和你的孩子，然后严格执行你的决定。

我常常告诉家长们，从来就没有一种"万能办法"，必须具体问题具体分析。举个例子，假如你有一个6岁的孩子对游戏机着迷，你觉得他还不能应对或处理这个问题，那么尽可能地把游戏机锁进阁楼。6个月以后，或者你觉得孩子足够成熟的时候再拿出来。如果你有一个10岁的孩子沉迷于平板电脑，同时他必须用电脑来完成家庭作业，那么没收就不现实。你只能尝试不同的办法来应对这个问题。

急剧戒断

如果孩子已经过分沉迷于屏幕，家长完全失去控制，最好的办法可能就是暂时没收所有的屏幕设备了。每次我给家长们提这个建议的时候，他们总是显出惊骇的表情。他们真切地担心这种行为的后果以及孩子的反应，总是找各种理由回避。

戒断屏幕需要力量和决心。孩子很可能会暴怒吵闹，但是只要坚持

CHAPTER 5　第五章　网络成瘾

下来,这个阶段就会过去,实在不行,就关闭无线网络或彻底切断电源。不必担心,最重要的是坚定立场,始终如一,绝不能因为孩子悲啼哀求就放弃。一般来说,打破一种习惯或者行为模式只需要 5 天时间,孩子不会总是反抗下去。

至于屏幕时间需要戒断多久,则要根据孩子的具体情况以及问题的严重程度而定。我认为,孩子一般至少需要一到两周时间来适应无屏生活,开始新的活动和兴趣,或者重新拾起以前的爱好来取代屏幕时间。这之后,再逐渐引回屏幕时间。不过为了避免再次出现沉溺,必须制定和执行严格的规则并确定界限,同时,家长还应占据控制地位,时刻保持警觉,预防再次出现问题。

如何对待孩子的反抗

很多家长担心,如果减少屏幕时间或没收设备,孩子会出现强烈反应。我总是把这种反应比喻为暴风雨。如果有台风刮过你的家门,你不会走进台风中心试图去控制它。你需要处变不惊,静待台风过去,然后收拾残局。过后,你会思考如何避免同样的事情再次发生。如果你的孩子因为失去屏幕时间而踢打喊闹,那就学着驾驭风暴,避免火上浇油,走开是最好的办法。这个时候不要和他们互动,也不要尝试和他们谈判,因为这只会让事情变得更糟。如果你已经给他们解释清楚,为什么要没收屏幕或限制屏幕时间,那么就没必要一次又一次地拿出来说道。他们当然知道你为什么这么做,他们的抗议不是因为不理解,而是因为不高兴——解释于事无补。

很多家长顾虑孩子发脾气闹情绪产生的后果,担心孩子会伤害自己

或破坏身边的物品,我们需要全面地考量这个问题。一个潜伏期孩子能造成的伤害其实很有限,如果他们尖叫,或者摔门,最糟糕(最常见)的后果是他们自己头疼。一旦你在此时给予关注,就等于给了他们一个反应。忽视是必需的。当然,如果他们真正身临危险的边缘了,那肯定就要做出快速反应了。

相当多的家长害怕采取这样的行动,觉得难以下手。其实这就好像孩子两三岁时发脾气一样,处理暴怒最好的办法通常就是走开。同样的道理也适用于潜伏期的孩子,孩子发怒是因为他们得不到想要的东西,此时不管你说什么做什么都不可能让他们开心。需要让他们看到你是坚定不移的,分散他们的注意力,让他们往前看,帮助他们关注别的东西。当他们出现良好行为的时候,给予他们正面的关注和鼓励,他们就会知道,自己的正面行为能获得极大的正面关注,和负面关注相比,他们当然更喜欢前者。

>>案例分析<<

我很想和大家分享下面这个案例,因为这是家长对潜伏期孩子失去控制以后所发生的一个极端案例。这个案例可以让我们看到,沉迷于网络世界是如何影响孩子的青少年阶段的。

14岁的乔被送到我诊所的时候,他每天在Xbox游戏机上花的时间已经达到了19个小时,家长对此完全没有任何办法。Xbox就在他的卧室里,他可以整晚整晚地玩游戏,直到天亮前两三个小时才睡觉,根本不可能按时上学。他从不洗澡,不注意个人卫生,吃东西也是随便填填肚子。在问题最严重的时候,他甚至连上厕所的几分钟时间都不想耽误,

CHAPTER 5　第五章　网络成瘾

就在卧室里用外卖餐盒接大小便。他为此而逃学很长时间,他生活不能自理,安全和健康出现严重隐患,社工不得不介入进来。社工威胁说,如果乔再不上学,他们就会带走他。局面完全失控,乔的父母绝望无助,只得求助于我。

疗程

乔的父母的担忧当然可以理解。我和他们探讨出现这种局面的原因。乔一向喜欢玩电子游戏,很显然他的父母并没有真正理解这种吸引力的破坏性,所以没有引起警觉。大部分时候乔都可以随心所欲地玩电游。乔一直都渴望拥有自己的Xbox,在他10岁的时候,他终于用自己在圣诞节和生日积攒下来的钱购买了一台。Xbox就安装在他的卧室里,他很安静,不会给父母惹麻烦,父母也就不觉得屏幕时间是个问题。年复一年,他上网的时间越来越多。在他升入初中的时候,情况发生了变化,他难以适应新学校,没有好朋友,学习也越来越困难。从那以后,他大部分时间都躲在卧室里打游戏。他妈妈注意到孩子因为通宵打游戏而疲惫不堪。他很擅长游戏,在网上有一群朋友——很多是美国人——也就是说他常常熬夜打游戏网聊。妈妈尝试对此加以限制,但是引发了强烈反抗,最后她不得不放弃。

上学的问题越严重,乔越是沉溺在网络世界中,很快形成了一个恶性循环。等到青春期的时候,他开始整晚打游戏,作息完全颠倒。他常常在游戏椅上打盹,第二天根本无法上学。教育局的人开始介入,当地政府也警告说,再这样下去将对家长采取法律措施。

当我去他的家里拜访的时候,乔的情绪低落到极点。他吃不好,

限屏教育
UNPLUGGED PARENTING

睡不好。他整日整夜待在房间里打游戏,窗帘紧闭,连自然光线都难接触到。他不上学,完全退缩到了网络世界中,和真实世界彻底失去了联系,根本无法面对真实生活。

干预

乔已经陷入了恶性循环中,必须紧急采取必要的措施,让家长重新掌控局面。首先要做的事情就是拆除Xbox游戏机,事情已经到了如此令人绝望的状态,乔的父母却还是不敢没收乔的游戏机,还在担心乔的反应。乔已经错过了限制屏幕时间的机会,戒断几乎是唯一的办法。

幸好,这一次父母终于和我站在了一起,他们把游戏机扔出了家门。乔的反应可想而知:一次又一次地摔门,喊叫,暴怒。

然而,乔终于意识到这一次所有人都联合在一起了。他的父母有整个团队的专家支持,所有人都保持一致的口径。慢慢地,他也就接受了。我想,他可能同时也感到一种解脱,因为他对自己的生活其实并不满意——他总是情绪低落,糟糕透顶。

接下来最需要做的就是让乔重修和父母的关系,并且回到学校。游戏机拆了后,我们就努力劝说他离开床铺去上学。学校和家长紧密配合,根据乔的实际情况,学校分派了一位老师,给他单独授课。

结果

对于乔来说,这个过程漫长且艰难。几个月后,情况有所改善,不再需要社工介入了。他学习相当费劲,但是得到了多方面的大力支

CHAPTER 5　　第五章　网络成瘾

持，同时也交到了一些朋友。没有电子游戏以后，他不再熬夜，睡眠大大改善，早上父母也能把他叫起床了。4个月后，正好是学期末，家里重新给了他使用屏幕的权利，不过这一次加上了限制条件，他只能在周末时间在楼下公用房间里打游戏。乔知道自己必须遵守规则，否则游戏机就会被没收。他喜欢和真实的朋友在一起，对游戏机的兴趣也相应减小了。谢天谢地，他终于认识到生活不仅仅是坐在昏暗的卧室里打游戏。

危险信号

●你是否觉得孩子已经"沉迷"于屏幕？他们是否常常念叨着想要使用屏幕？他们整天想着电子游戏吗？

●在不得不离开屏幕的时候，他们是否生气或焦躁不安？

●他们是否无视关闭屏幕设备的指令？一旦被迫关闭，是否非常不安？

●屏幕活动是否已经成为他们谈论、玩耍和行为的唯一关注点？他们不打游戏的时候，是否就是在谈论游戏，而且随时准备开打？家庭外出的时间里，他们是否焦躁不安，总想回家使用屏幕？

●孩子是否感到焦虑（人一旦沉迷于什么事情，就会变得焦虑）？孩子在屏幕时间高度集中，满足自己的狂热之心，离开屏幕的时候也会整天惦记着，这会让他筋疲力尽。

●你的孩子是否总是在防护自己的屏幕时间，甚至偷偷摸摸使用屏幕设备？他们是否会把设备藏起来让你找不到，躲在卧室里用，或者在他们使用屏幕的时间长度上欺骗你？

限屏教育
UNPLUGGED PARENTING

●他们是否经常感到疲倦、易怒,甚至自我隔离?

 **可能的解决方案**

●戒断。如果家长极度担忧,希望尽快解决问题,就可以没收设备,停止屏幕时间。

●在孩子年龄大一些的时候,或者家长感觉孩子能够自主地掌握上网时间的时候,再重新引回屏幕时间,从很短的时间开始。

●所有家长都必须有一个关于屏幕时间的计划,有一个时间表——设定孩子可以上网的时间,并把其放到日程安排中,或者给他们一个固定的时间长度,让他们自由安排。一旦他们用完时间,就不能再使用屏幕了。

●要避免孩子网络成瘾,家长必须加大对时间表的监管力度。

第六章

社交媒体和年龄限制

从专业角度来说,我不认为潜伏期孩子有使用社交媒体的需要。对于这个阶段的孩子来说,最好的办法就是尽量推迟开始使用的年纪。

CHAPTER

6

CHAPTER 6　第六章 社交媒体和年龄限制

自拍、社交媒体问题以及如何教孩子为网上言行负责

一位朋友最近向我倒苦水，她10岁的儿子马修因为在照片墙上发布了一张自己的照片而惹了麻烦。他在照片下写了一句话：第一个点赞的姑娘可以得到我的吻，还可以成为我的女朋友。这句话被他班上的一些女孩子看到了。"其中一个女孩子的妈妈给我打电话抱怨，"我的朋友说，"我简直羞愧得无地自容。我根本不知道他的手机开通了照片墙账号，也不清楚他在上面究竟发布了些什么；不知道他在关注谁，也不知道谁在关注他。他的账号完全公开——随便谁都可以看到他的照片。"这位朋友对于社交网站的年龄限制也毫不知情。

推特、脸书、照片墙和色拉布（Snapchat）的最低年龄限制是13岁，油管是18岁，13岁孩子可以经父母同意后开设油管账号。这个13岁年龄限制的依据来自美国法律COPPA（Children's Online Privacy Protection Act,《儿童网络隐私保护法》）。这些社交媒体并不适合像马修这样小的孩子。出于保护孩子的目的，COPPA要求网络服务商必须获取13岁以下儿童的父母同意书。

我朋友的情况并不少见。最近一个研究发现，53%的家长并不知道像脸书这样的社交媒体网站有13岁的年龄限制。更令人担忧的是，每5

限屏教育
UNPLUGGED PARENTING

位家长里就有一个认为根本没有年龄限制。

虽然有年龄限制，统计数据还是显示，超过一半的孩子都已经在10岁以前就开始使用社交网络了。最近互联网事宜公司（Internet Matters，英国一家非营利性公司，关注儿童互联网安全和网络使用）调查了1500名家长，结果发现现在的6岁孩子使用数字设备的熟练程度和三年前10岁孩子的程度相当。大约44%的孩子会在卧室上网，41%的孩子在没有监管的情况下上网。调查还发现三分之一的6岁儿童在使用WhatsApp，四分之一的开始使用社交媒体。

我们必须明白，设定年龄限制是有原因的。国家统计局关于儿童健康的报告显示，那些在上学日使用社交媒体超过三个小时的孩子，精神健康受损的概率将增加一倍。这份报告认为，如此大量的屏幕时间会导致孩子的情绪发育和社会发育迟缓。研究者发现，社交媒体的其他负面影响还包括更多的伤害、社交孤立、抑郁和网络霸凌。德国劳工研究所（IZA）发布了一个报告提醒我们，一天一个小时的社交媒体时间已经有可能令孩子陷入痛苦。更让我们惊觉的是，这个研究里的孩子指的是青少年。而我们知道，越小的孩子接受这些挑战的心理能力就越弱。

我常常看到6岁到8岁的孩子拥有自己的脸书和照片墙账号。而潜伏期后期的孩子（10岁、11岁）中，大部分都已经在使用这样的社交媒体。这个现象最令人忧心的是，这些社交媒体使得潜伏期孩子提早暴露在青少年的问题中，这些孩子的心智还远没有发育成熟，却要独自去面对这些问题。这有可能产生相当严重的后果。类似于亲密关系和性问题这样复杂的问题，一般要到青少年阶段才有能力处理，年幼的孩子根本无法应对。父母以为自己已经知道孩子的密码，或者只让孩子用自己的手机登录，就已经掌控了局面。殊不知潜伏期的孩子可以学得很狡猾，

CHAPTER 6　　第六章　社交媒体和年龄限制

他们很快就会另外搞一个密码，或者用朋友的设备登录。

潜伏期的孩子在为青少年期需要面对的挑战做着精神上和身体上的双重准备，包括性意识的发展、身体意象、建设同一性，最终让孩子成为一个独立个体。小学生并不具备处理社交媒体所需要的认知或者情绪弹性——尤其是那些集中在外表和社会竞争的网站——比如说色拉布、脸书和照片墙。过早接触社交媒体会令他们暴露在无力处理的人物、内容和情景之中。神经科学告诉我们，青少年阶段是大脑前额叶皮质发育的关键期。前额叶皮质帮助我们形成判断，控制冲动和情绪，做出决定，形成自我意识，并且理解他人。网络环境并非为儿童定制。潜伏期孩子的前额叶皮质还没有发育好，他们往往缺少足够的情绪调节力和恢复力来处理一些可能在网上看到或者经历的事情。

孩子较早地接触社交媒体还很可能会影响学业。一个针对老师的调查发现，学业成绩最差的孩子往往是在那些社交媒体上花时间最多的。接受调查的500名教师中有一半认为，对社交媒体的关注会影响孩子在课堂上的专注程度。三分之二的老师说，孩子的家庭作业质量变差，因为他们总是草草完成以便挤出时间和朋友网聊。

作为成年人，我们完全明白社交媒体会令人上瘾。我最主要的担心是孩子们对这种致瘾效应尤其易感，因为潜伏期正好具有对事物着迷的趋势。洛杉矶加州大学脑地图中心的研究者们发现通过社交媒体获得"赞"可以激发大脑的奖励中枢（通过大脑扫描可以看到）。在儿童大脑激发的反应则类似于看到自己所爱的人或者赢钱。在我的诊所里，我接触到大量9岁和10岁的孩子。他们的父母告诉我，他们总是不停地查看脸书或者照片墙上自己发布的帖子或者照片获得的"点赞数"。这些点赞数似乎有助于决定他们在游乐场的社会地位。低点赞数总是被解读为社会

限屏教育
UNPLUGGED PARENTING

地位低，甚至有可能遭遇羞辱甚至霸凌。高点赞数则意味着孩子很受欢迎——但是要努力保持这种状态则带给孩子很大压力。

有一种现象令家长们忧心忡忡，他们的孩子对中断色拉布"纹"感到焦虑。"纹"指的是他们给某位朋友坚持每天发送短信，不曾中断的天数。一些孩子居然和五十几个人同时保持色拉布"纹"，这就意味着他们在网上的时间达到每天好几个小时。最近一位朋友给我说起她的女儿发现度假屋里的无线网络不稳定后，居然歇斯底里。好不容易在附近的一个小镇成功上网后，她发现女儿竟然在 24 小时里收到了上千条色拉布信息。这让她无比惊讶。女儿每天接收阅读这么多条信息究竟要花多少时间？这令她极度担忧。潜伏期的孩子绝对不应该面对这种压力和挑战。

美国儿科协会甚至警告家长，现在有一种抑郁被专门定义为"脸书抑郁"，特指儿童和青少年在看到状态更新墙帖或者照片以后，感觉自己不再受欢迎的心理状态。

潜伏期儿童和手机

现在，儿童经历事情的年龄越来越早。以前青少年才能遇到的状况，比如说拥有手机，现在已经提前到潜伏期。就在 5 年前，孩子们普遍在初中阶段 11 岁左右开始拥有自己的手机。可是现在我看到不少四五岁的孩子就已经拥有了自己的手机。英国国家读写信托发现 79% 的 7～11 岁儿童拥有自己的手机。儿童得到手机的可能性甚至超过得到一本书。这种变化趋势就发生在我眼前，不过我总是认为年幼儿童并不是真的需要手机。现在大部分手机都是智能手机。也就是说，一旦孩子得到一台

CHAPTER 6　第六章　社交媒体和年龄限制

手机，他们就有机会接触到社交媒体。

身体意象和自拍

现代年轻人痴迷于自拍。使用社交媒体的潜伏期儿童，尤其是女孩子，经常会把自己的照片放到网上邀请别人来评论自己的外貌。我一再强调，这对于年轻孩子来说简直毫无益处。我帮助过不少年轻孩子，他们常常因为别人在网上的负面评论，或者自己对所发布照片不满意而充满焦虑。

如果潜伏期孩子已经开始使用社交媒体，而且想要发布自拍照，我认为，家长必须跟孩子好好谈一谈，问问他们为什么想要通过这种方式来表达自己。是为了跟上别人的步伐，更好地融入和追随大众？是为了探索自己的身份，还是仅仅为了好玩？

由于智能手机的涌现，孩子们对照片的意识达到了前所未有的高度。网络加上就在手边的相机形成了强大组合，让他们几秒钟就能上传一张照片。

如果孩子即将使用社交媒体，家长必须帮助他们成为批判型用户，帮助他们认识到网络世界往往并非如他们所看到的那样。有一次，我听到一群青少年女孩一起看社交媒体上的照片，讨论这些照片究竟多大程度上经过了电脑软件的处理和过滤。这令我眼界大开。青少年的思想已经成熟到能够看穿过滤处理，知道哪些人的头上并不是真的有花朵，他们的嘴里也不可能真的能吐出彩虹。潜伏期孩子依旧很实在，并不具备青少年冷静批判的大脑，往往只相信自己看到的。你需要教给孩子一些相应的技巧和弹性处理相关问题的能力，和他们一起看照片墙或者脸书，

一起聊一聊为什么人们可以轻易改动自己的照片，和他们讨论类似于过滤这样的照片处理技巧。

必须让孩子们尽早地了解广告杂志上的照片都是经过软件处理高度美化的产物。模特的皮肤并非真的毫无瑕疵，真实生活中演员的腰腿并没有那么细。演员凯特·温丝莱特为 GQ 杂志拍摄的封面照曾经被过度美化。她特意为此发声，声明自己和化妆界巨头欧莱雅的合同里包括一条：所有的照片都不能进行数字修改。凯特认为自己需要对这一代的年轻女性负责。如此程度的照片美化对那些发育中尤其脆弱且容易受到影响的孩子来说究竟会产生什么样的影响，现在还不得而知。这一点尤其让我担心。最近，心理学家发现，有证据显示社交媒体的使用和青少年身体意象焦虑、节食和减肥等均具有相关性。社交媒体平台，例如脸书、照片墙和色拉布，让青少年和越来越多的儿童有机会对自己和别人进行比较，赢取他人对自己外貌的赞美。我知道好些 10～11 岁的女孩子，已经习惯于在网上发布自拍照，并且邀请别人来评论——因此令自己面对各种批评。

我最近治疗了一个 12 岁女孩，她曾因患神经性厌食症而住院治疗。她的身体意象问题始于 11 岁。那一年，她获得了一台智能手机，和朋友一起加入了 WhatsApp 和色拉布的群聊。她和很多女孩子一样，喜欢发布自己挤眉噘嘴的自拍。这个女孩子的同学对她的一些照片做了恶劣评论，嘲笑她肥胖，屁股太大，还把这些照片分享给其他人。女孩为此心烦意乱，开始反驳那些评论。然而她的反驳不但不能阻止朋友们的恶劣评论，反而令她们更加起劲。女孩子拼命想要证明自己并不胖，便开始发布越来越多的自拍照，根本停不下来。霸凌者感觉到她的脆弱和软肋，评论变得越来越恶心。这严重影响了她的自我意象和对自己的知觉，她

CHAPTER 6 第六章 社交媒体和年龄限制

的言行令自己变得脆弱。那些恶性评论一部分也来自她的自讨苦吃。她对自己形象的认知遭到扭曲，也开始觉得自己太胖。为了减肥，她得了神经性厌食症。好几个月后，她的家人才了解到事情真相。那时候她体重已经减轻了很多，不得不住院接受治疗。而这一切都源自她在社交网络上的遭遇。

在孩子们拥有智能手机，加入图片短信应用程序以后，这种事情常常发生。图片就是一切。假如家长不对孩子在社交媒体上的短信进行监控，问题就很可能发生。

对于小学阶段的孩子来说，最好的办法不是教孩子如何处理社交媒体上的种种比较，而是尽可能地限制他们使用，静待孩子成熟。为什么年幼的孩子们觉得自己有必要在网上传播自己的照片呢？对这种行为，家长们必须给予阻止，否则就有可能激发强迫性行为。有人发布照片，你点赞，他们给你点赞——这会鼓励孩子们发布更多照片。潜伏期的孩子如果坚持这样做，那么家长应当限制他们每天可以发布的照片的数量，和他们一起翻看社交媒体里的照片，了解他们关注的对象，思考他们关注的原因，把孩子们培养成为批判型用户。告诉他们，那些迷人的博主装扮成这样来推销产品，是为了成千上万的金钱回报。照片上的明星和真实生活中并不一样。这些人有自己的造型师、化妆师、私人教练，甚至整形医生。

鼓励数字责任心

从小就学会为网络上的言行负责是非常重要的。孩子们需要了解并知道网络是一个永久保存处，他们的数字脚印将永不磨灭。我经常告诉

孩子们，任何他们不希望我、老师或者未来的雇主看到的东西，都不能放到网上去。他们需要意识到网络是一个公共区域，而非私人场所。在网上搜索人名，就能找到和这个人有关的方方面面。你必须对人们可能发现的关于你的信息进行控制。一旦上网，永在网上。

作为数字时代的家长，我们有责任教会孩子如何管理他们的网络身份，就如同在真实生活中一般。大部分家长对于孩子出门可以穿什么不可以穿什么都非常清晰严格。但是他们是否以同样的规则和框架来要求孩子的网络身份了呢？事实上，网上图片的影响力比起真实世界来要大得多。

最重要的一个事实是，他们在网上的照片会永久存在。一个人上网的历史甚至有可能影响到他／她的求职以及职业前景。很多雇主和大学入学办都会查看申请者的社交媒体资料。一个调查显示，60％的雇主在决定选择谁来面试的时候都会查看申请者的社交网站使用情况。调查还显示，超过30％的雇主使用社交媒体来研究自己的雇员。在这些雇主中，超过25％的雇主因为发现了不合宜的内容而对雇员进行谴责甚至解雇。

怎样和孩子讨论新闻

一位母亲告诉我，她7岁的儿子在家使用平板电脑时，突然弹出一条BBC新闻提示。这条新闻恰好是有关一个7岁女孩被刺伤的事情。这令孩子非常沮丧。她不知道怎样去安慰孩子。我们现在听到的很多新闻都令人沮丧，我们自己都难以理解，更何况我们的孩子。现在网上随时可以看到各种新闻，只需要在电脑或者手机上轻轻一点，就能看到新闻标题。孩子还有可能在社交媒体上看到很多新闻和事态进展。举个例

CHAPTER 6　第六章　社交媒体和年龄限制

子,有恐怖袭击的时候,社交媒体上肯定会有很多评论,没有人躲得了。那么我们是否应该尽力让潜伏期孩子远离新闻?但是把他们和真实世界隔离是否不现实?

如果在缺少指导的情况下接触新闻和成人话题,潜伏期孩子很可能会因为难以消化而产生恐惧困惑。从这个角度来说,家长也应该尽可能地避免让潜伏期孩子独自浏览网页。假如看到了让他们感觉困惑的内容,家长可以及时给孩子做出解释:这些事情之所以成为新闻,恰恰是因为稀少。年幼的孩子经常会对他们所看到的内容产生误解。家长很有必要经常和孩子讨论他们看到的内容,以确保他们所知无误。不妨问问孩子,读到这样的故事产生了什么样的感觉,对此有什么看法,有什么担心。向孩子坦承,有些新闻的确吓人,而且我们不可能控制所有事情。5～8岁的孩子大都希望能够明确这些事情不会影响到自己。孩子成长到9～11岁时,他们的视角会有很大的扩展。但是不管年龄多大,几乎所有潜伏期的孩子都想要确保自己是安全的。打个比方,在恐怖袭击发生以后,你可以告诉孩子发生在袭击之后的一些事情,比如街道上会出现更多的警察,像火车站、体育馆和机场这样的公共场所往往会加强安全措施。你还可以给孩子指出,会有很多人跑去支援,包括路人和急救人员。告诉他们,这个世界上好人远远多过坏人。给孩子足够多的机会向你提问:这些新闻让你想到了什么?对你的生活意味着什么?你可以提供哪些帮助?把谈话的内容从事件本身引开——因为没有人可以控制事情的发生——多聊聊自己的家庭和生活。

限屏教育
UNPLUGGED PARENTING

制定规则

和孩子谈谈社交媒体，一起制定一套对孩子和家庭都有利的规则。我的两个女儿在 13 岁之前都没有社交媒体账号。在这一点上，我的态度非常坚决。我给她们解释有关年龄限制的规定，这一点也得到了她们学校的肯定。在她们到年龄拥有自己的账号之后，在哪些照片可以发布这个问题上，我也同样做出了严格规定。我不允许她们发布那种挤眉嘬嘴的自拍照，也不能上传自己的相片。作为一个家庭，我们常常讨论的话题包括，希望"世界"如何看待自己——包括真实世界和数字世界。我们会一起讨论身份问题。我们在不同场合可以拥有不同身份。比如，我在单位和在家会表现出自己的不同方面。我曾带孩子们参观我的工作单位，在那里，她们看到了一个完全不同的我。在家里，我是个妈妈，穿着一身睡衣，顶着一头湿发，对着她们喊："快一点，就要迟到了！"在单位，我和同事是工作关系，努力完成自己的任务。所有的人都有不同身份，我便是一个非常明显的例子。并非每一个人都需要看到自己的不同身份。我给孩子们解释说，网络很容易消融这种界限，最后个人带有隐私的身份就有可能暴露在全世界面前——真的是全世界。必须让孩子们了解到网络的全球性。随处都可以上网——而且网上信息永久保存。信息一旦发布到网上，就不可能撤回。我的同事不会有机会看到我在清晨一身乱糟糟，向孩子喊叫的"光辉"形象，这是有原因的。可是，由于带摄像头的智能手机和油管的出现，只需要轻轻点击一下，全世界都有可能看到。

即使在女儿长大以后，她们还是选择不在社交媒体上露脸。我女儿今年 16 岁，她脸书上的头像是她在阳光下的轮廓照。在她们的成长历程中，我总是询问她们是否希望别人看到她们的照片。她们知道，因为工

CHAPTER 6　第六章　社交媒体和年龄限制

作的缘故，谷歌搜索我的名字总会出现我的很多照片，这令她们十分担忧自己的隐私。问问自己，究竟希望自己在网上以何种形象出现，这是一个非常重要的问题。你对这个问题的思考将给你的孩子传递一种信息。基于你对隐私和网络形象的看法，你希望你的孩子以何种面貌展示给世界呢？

不要单纯限制或者禁止

从专业角度来说，我不认为潜伏期孩子有使用社交媒体的需要。然而，单纯限制甚至禁止并不是好的解决方案。你需要在孩子们还小的时候就和他们好好谈一谈社交媒体的问题。孩子们迟早会使用社交媒体的，你必须确保给孩子提供足够的技能来面对这个问题。告诉他们你认为开始使用社交媒体的合适年龄，并在这个问题上和孩子达成一致。提前谈好，比日后再让他们停止使用，要来得更加容易些。社交媒体对于青少年来说是一种非常重要的工具——这已经成为他们社交生活的一部分。尽可能在孩子小的时候设置限制，加强教育，一起探讨，帮助他们形成有灵活性的辨别力，帮助他们区分真实和非真实——对他们关注的和展示的内容进行辨析。坐下来和孩子好好聊聊社交媒体，一起翻看他们所关注的内容。给孩子设定网络限制，还要和孩子们讨论网络世界导航的问题。坦诚坦率地告诉他们在网上可能遇到的危险——但是不要吓唬他们。

最近儿童委员会发表了一份题为《在数字中成长》的报告，呼吁学校提供更早更广泛的技术教育，并且推荐将其扩展到包括网络生活的"社交"元素。对此，我双手赞同。网络安全、数字责任和管理社交媒体，应当像数学和阅读那样，成为教材的一部分。

限屏教育
UNPLUGGED PARENTING

孤独

具有讽刺意味的是，社交媒体很可能会让孩子更加孤独离群。

儿童热线的一个研究发现，社交媒体让孩子们感觉到孤独。很多孩子说，他们总是在拿自己和别人相比，结果总觉得自己不如别人，样子丑陋且不受欢迎。这种现象在我的诊所里也常见到。有不少9~10岁的孩子告诉我，他们总是在看社交媒体的时候感觉自己孤零零的。我的孩子也有类似经历，我的两个女儿有好几次不曾受邀参加团队约会或者朋友聚会的经历。无网络时代，你可能都不知道有这些活动，但是现在想躲都躲不掉，因为所有的活动在社交媒体上都可以看到。想象一下，你的朋友们在享受聚会，照片信息满天飞，而你却不曾受到邀请，你会是什么样的心态？

在那样的聚会上，每个人都在发布照片。不想看到的最好办法就是离开那个群体，但是应用程序上会显示你已经离开群体，这会让人觉得你在耍脾气。之后呢，除非有人邀请，否则你不可能重新加入。一旦不再参与群聊，你就会自动离群，群里发生的所有其他事情你都会错过。这会是什么感觉？恐怕大部分成年人都会难以承受，更何况是孩子。这种情况下，我会建议孩子们关机，或者把手机放在一边，做一些有趣的事情来分散注意力。

这种情况处理起来的确有点棘手。我的观点是，孩子们需要真实生活和面对面的连接，因此应鼓励孩子多和朋友见面，尽可能离开网络回到真实世界中。真实生活中的连接极其重要。家有年幼孩子的父母一定要在使用手机和保证真实生活这两个问题上设置严格限定，否则孩子就有可能深陷其中，难以自拔。有个14岁女孩的妈妈，为了防止孩子整晚使用社交媒体，要求孩子每天晚上8点上交手机。她负责给手机充电，

CHAPTER 6　第六章 社交媒体和年龄限制

第二天早上再还给孩子。刚开始孩子会不停地抱怨，但是现在已经完全习惯了。

在潜伏期阶段，限制尤其重要。要规定好孩子每天可以使用社交媒体的时间，或把手机收走，限制他们参与群聊的数量，告诉他们不需要回复每条短信。即使不能总挂在网上也没有什么大不了的。假如手机坏了，三天不能上网，生活还不是照样进行？没有什么值得担心的。你到学校，照样有人和你说话。孩子们越早接触社交媒体，就越容易陷入其中。对于这个阶段的孩子来说，最好的办法就是尽量推迟开始使用的年纪。

>>案例分析<<

11 岁的丹令父母十分担忧。他被转诊到我这儿的时候，情绪低落，睡觉吃饭都很差，已经显露出很多抑郁症状。

疗程

我首先要了解丹情绪低落的原因。家长解释说，丹最近因为社交媒体惹上了些麻烦。几个月前，他们允许丹开设了照片墙账号，因为他的很多同龄人都已经有了。刚开始家长还对账号进行监管。那时候他发布的照片大多是家里的猫、自己烤的蛋糕及各种玩具，慢慢地家长就松懈了。丹的同班同学开始取笑他发布的帖子，嘲弄他幼稚天真，丹为此十分恼火。他想融入他们，于是决定装成一副成熟的样子。为了获得资本，让同伴觉得自己很酷，丹在网上虚构了一个年龄比自己大的女孩，并假装和她交往。从媒体账号来看，两个人经常聊天并分

享照片。他还找学校的其他女生,跟她们合影,在网上给人的感觉是他有一群女朋友。其中一个女孩的家长对丹的这种行为感到担忧,便报告了学校。丹的父母这才了解整个事件的情况。家长对于他这种试图打造一个成人化自我的行为感到非常震惊。丹的计划破产了,他不得不承认自己犯的错误。全校师生知道这件事情以后,丹遭到了排斥,心灵受到严重的创伤,可怜兮兮,痛苦不堪。

干预

我必须支持丹,但首先要和丹慢慢回忆事情的来龙去脉。聊天中,他说别人的责难令他感到难堪,他希望变得和别人一样。在这之前,他有自己的朋友,在真实世界中过得很不错。但是一旦社交开始转向网络世界,他就跟不上了。而这引发了恶性循环,最终导致事态完全失控。

初始,丹认为重建网络生活才是回到班群的唯一途径,但实际情况恰恰相反。我帮助丹认识到网络世界只是暂时的,一过即逝,并非日常必需。然后我和他以及他父母一起努力重新修建他的真实生活——这才是真正需要关注的对象。

结果

丹逐渐和同学们重新修建起社交联系,尤其是那些还没有上网的,以及和他有着共同爱好的同学。我们完成了一些网络意识的功课。丹还在学校集会上就网络言行现身说法,给同学们上了一课。

CHAPTER 6 第六章 社交媒体和年龄限制

危险信号

下面列举的危险信号提示你的孩子有可能已经沉溺于社交媒体，或者已经对社交媒体过度依赖。如果你发觉孩子开始着迷于各种屏幕使用，那就必须解决这个问题。你必须减少孩子使用屏幕的时间，必要的时候甚至没收其所有的屏幕设备。如果已经出现极端情况，则要和医生联系，寻求进一步帮助。

- 他们不停地查看手机，沉溺其中，机不离手。
- 他们总是在拍照片，从早餐到宠物猫，生活的点点滴滴都要拍下来。
- 他们不停地发布自拍照，并邀请别人来评论自己的外貌。
- 他们参与了大量的群聊或者色拉布纹。他们的手机一天到晚响个不停。
- 一旦无法上网或者拿不到手机，他们就会焦躁不安。

解决办法

- 社交媒体是成人环境，不适合潜伏期孩子。大部分平台都有年龄限制，尽可能遵守规则。
- 如果你真的想让孩子接触到一些社交媒体，那么你必须随时监管，确保你能够进入他们的照片墙或脸书账号，并且掌握管理权力。
- 如果你觉得社交媒体已经占用了他们太多时间，那就要限制他们群聊或者"纹"的数量，限制他们每天可以发布的照片数量。
- 和孩子交谈，一起制定规则——这会让他们感觉自己有决定权。对于那些他们想使用的程序，你们要一起研究讨论。如果你的意见和他

们不一致,那就好好解释。问问他们不同年龄的孩子适宜看什么样的内容。

●如果孩子想查看新闻或者最新事件,那么最好上和他们年纪相符的网站,比如说英国广播公司新闻网(BBC Newsround)。和他们一起上网,一起讨论看到的内容(最好是家长自己先把文章读一遍,确保其中不包含任何不合适的图片或者内容)。

●家长要在使用社交媒体方面做好榜样。如果你自己总是在脸书和照片墙上发布自拍,你的孩子肯定会有样学样,你的行为会在不知不觉中影响他们。一旦他们有了自己的手机,第一件事情就是发布自拍照。因为对于他们来说,这已经是一种常态。

●注意:一旦你的孩子拥有了自己的社交媒体账号,比如脸书或者推特,他们就可以通过这个账号注册很多其他网站。

第七章
网络风险和保护儿童安全

网络是比现实世界更危险的地方。家长必须意识到，在孩子使用屏幕问题上一定要保持警惕。

CHAPTER

7

CHAPTER 7　第七章　网络风险和保护儿童安全

诱奸和网络霸凌
——如何尽可能降低风险，确保孩子网络安全

在我接触过的大部分家长中，网络安全是他们最大的忧患。如果潜伏期孩子已经开始上网，如何才能保障他们的安全呢？令人担忧的是，统计数据显示这个问题并没有得到家长们的足够关注。英国研究机构"说说孩子"（Childwise）的一个调查发现，5～16岁的孩子中，每4个就有3个在卧室上网，其中10%的孩子甚至允许所有人查看他们的在线个人信息，毫无防范意识。NSPCC（National Society for the Prevention of Cruelty to Children，英国防止虐待儿童学会）曾报道在十一二岁拥有社交媒体账号的儿童中，大约有四分之一在过去的一年里都曾为了网上遭遇而烦恼。更让人担心的是，这些遭遇超过一半（62%）来自陌生人、网络熟人和匿名者。在社交网络上遇到令他们烦恼的事情时，幼龄儿童往往不能像大孩子那样果断地处理，这也提示潜伏期孩子还不具备应对社交媒体所需要的社会成熟度和恢复力。

在这个问题上，最让我担忧的一点是家长没有给予应有的关注，仅有32%的家长在保障孩子网络安全方面"感觉非常有信心"。我们在现实世界中监管孩子的力度远远超过网络世界，然而网络却是最危险的地

限屏教育
UNPLUGGED PARENTING

方之一。在真实世界中,我们告诉孩子不要和陌生人交谈,不要跟陌生人走。可是在网络上,我们却看不到潜在的危险,未给孩子任何告诫。

允许年幼的孩子无监管无限制地上网搜索,这样的家长真是幼稚到了让人惊叹的地步。最近我在和一位妈妈交谈中得知,她让7岁的儿子在油管上发布了一段和妹妹打架的视频。她在此之前已经看过这段视频,只是并未在意,但是当她看到一个陌生人在视频下发布的一系列色情评论时,她简直吓呆了。

与看电视或陪孩子玩耍不同,屏幕设备往往是个人独自使用。孩子在面对屏幕时,家长常常不知道他们在做什么。孩子看起来很安静,家长就让他们自己玩。这和真实世界太不一样了。

"家长地带"的首席执行官及创始人韦奇·首伯特把网络形容为"孩子们身处车来车往的繁华街道",强调家长必须陪伴和监护,我举双手赞同。家长们必须意识到,在孩子使用屏幕问题上一定要保持警惕。

虚拟朋友不是真实朋友

潜伏期儿童不可以和陌生人网聊。然而有时候,即使家长防护得再好,他们也会在社交论坛或者网络游戏群聊中遇到不认识的人。我们必须让孩子们知道,即使和对方在网上聊过天,只要在真实生活中不认识,这个人也还是陌生人。对于年幼儿童来说,理解这一点非常困难。

网上建立的关系可以很快熟络起来。我遇到相当多孩子,有的不过十二三岁,告诉我说他们在网上都曾有过恋爱的对象。这些恋爱对象大部分都不在同一个国家,从来没有见面说过话。整个恋爱关系都建立在短信和电子邮件的沟通上。孩子们会对他们的网友说一些在真实生活中

第七章 网络风险和保护儿童安全

不可能说的话,而且会轻易透露自己的个人信息。家长们必须告诉孩子,网聊和真实生活中的谈话不一样,你并不知道屏幕背后和你聊天的那个人究竟是谁。在他们回复之前,孩子们必须问问自己,如果是面对面,这样的谈话会不会令自己感觉不舒服?他们会不会在真实生活中和别人分享自己的信息?

网络诱奸

诱奸是骗取孩子信任以达到性虐待目的的一系列行为。不幸的是,网络世界匿名的特点给诱奸提供了太多的机会。一个人可以轻易地给自己放上一个孩子头像伪装成孩子,可以在社交媒体或者游戏中和儿童成为朋友,可以在网聊中和儿童建立关系,可以分享孩子喜欢的故事,和他们谈论共同的兴趣爱好。这些都是在和孩子拉关系,骗取信任。所有上网的孩子都必须对诱奸有所了解,然而家长却往往不知道如何提醒孩子提防这样的危险。

父母能做的最重要的一件事情就是把"陌生人危险"的意识转移到网络世界中去,和孩子谈论诱奸(用和年龄相匹配的方式),对孩子进行早期教育,并且时常提醒孩子,在网上遇到的人往往会隐瞒真实身份。孩子们大多把社交媒体当作一个受欢迎程度多少的竞争场所,认为网上的朋友和追随者越多越好。但是对于真实世界中的陌生人所发送的交友请求,潜伏期孩子绝对不可以接受。即使是一个有可能认识的人所发送的交友请求,孩子们也需要在你的协助下慎重检查,确认那就是你们认识的人。

短信和聊天也必须遵循同样的准则。潜伏期儿童不应和网上的陌生

限屏教育
UNPLUGGED PARENTING

人聊天,更不应和陌生人私聊,这必须成为一个硬标准。告诉孩子,如果陌生人给他们发送短信或者尝试和他们网聊,他必须让父母知道——就好像他们在大街上或公园里遇到陌生人那样。即使你的孩子在只有成人陪伴的时候才能上网(就像我所推荐的那样),你仍需要这样告诫他们。孩子们必须拥有足够的网络智慧,尤其要对那些多人网游有所警惕,这样的游戏让孩子有大量机会和陌生人一起打游戏。就像我在上文提到的那样,潜伏期孩子在网上只能接触那些他们在真实生活中认识的人。

必须和孩子讨论他们在网上分享的信息,潜伏期孩子绝对不能把自己的姓名、家庭住址、电子邮件、电话号码或者学校的名字告诉陌生人。要确保他们的用户名和自己的真实姓名无关,不会泄露任何个人信息。告诉他们,在网上分享的所有信息,包括用户名、头像和评论,一旦透露了自己的真实身份,别人就有可能假装认识他们。如果在游乐场上有陌生人过来向孩子打探姓名住址,孩子绝对不会告诉对方,可是在虚拟世界,孩子却很可能轻易泄露。

家长必须和孩子谈论这些事情,让孩子保持警惕。他们登录的网站以及在网上的行为都必须对你公开。告诉他们,在网上的时候必须随时像警探那样。他们怎么知道对方就是自己说的那么大年纪呢?他们对对方了解多少?他们看到过对方的照片吗?他们确信那些照片就是本人吗?在真实世界我们可以通过他们工作的场所和穿戴的制服来判断谁是老师谁是警察。但是虚拟世界却大不一样,表象往往不等于真相。

有一天,我儿子在学校操场上闲逛,负责照看他的人却去了另一块操场。儿子找不到他,但是他知道向另一个孩子的妈妈寻求帮助。在这位妈妈的帮助下,最终找到了负责照看自己的人。我问儿子为什么向这位妈妈而不是向别人寻求帮助,他说,他曾经看到我和这位妈妈聊天;

CHAPTER 7　第七章　网络风险和保护儿童安全

她既然认识我，就肯定知道他是谁。孩子拥有这样的判断能力，我们总是在教孩子——找你认识的人，找带着姓名标签或者穿着制服的人。但是在网上却没有这样的信息。一旦迷失，无从判断谁才是安全的。在真实世界中，孩子们面对成年人的时候可能会感觉不安，但是在网上他们却可以和任何人聊得起劲。网上缺少可以查证的信息，我们无从运用自己的判断力。我们必须告诉孩子，在网上无法获知对方的真实身份，最安全的办法就是：不和你不认识的人聊天。如果他们身陷困境或者对什么事情不确信，鼓励他们及时向你寻求帮助。

分享不合宜的图片

我知道，有些10岁、11岁的孩子已经开始在网上分享不合宜图片，家长却全不知晓。他们认为这是青少年的问题，自己的孩子不可能这样做，这不可能——然而很遗憾，这很有可能就会发生在自己孩子身上，而且概率相当大。发送和传播自己隐私部位的照片很有可能导致严重后果。这个年纪的孩子还不具备面对这些后果所必不可缺的情绪成熟度。我便亲眼看到生活因此而粉碎的孩子。有一天，我和一个15岁的小男孩谈到这些不合宜的图片，他告诉我，他这个年纪的男生几乎全都接收或者发送过色情图片。这让我极为震惊，然而对于他来说却是生活常态。

如果你打算给孩子一台带摄像头的手机，你必须要在他们拿到手机之前跟他们交代清楚所有的规则。虽然听起来荒唐，但却是实情：你是在交给孩子一样具有不可逆破坏性的东西。大部分孩子本能地知道分享自己的隐私照片是糟糕透顶的想法。但是他们会和别的孩子聊天，有可能会把这当作一种亲密行为，或者一个冒险游戏。他们头脑一旦发热就

限屏教育
UNPLUGGED PARENTING

会无视后果。糟糕的是,照片一旦发送出去,你就失去了对它的控制。收到照片的人有了你的照片——他们可以随意处置。女孩子会分享胸部或乳沟的照片。男孩子会把这些照片当作战利品,急切地向同学炫耀自己的女朋友。在毫不知情的情况下,这个女孩子的照片就传遍了全校。后果可想而知。

在问题暴露之前,孩子们往往不知道网络的永久保存能力。即使是色拉布这样一看即逝的程序,图片也有可能在消失之前被截图保存。我曾经在工作中帮助过一个十几岁的男孩。在他 12 岁那年,一群女孩子请求他发送一张自己阴茎的照片。他被说服了,这张照片很快在学校传播开来,这个男孩遭到了无情的嘲讽和霸凌。最终因为极度羞愧,他两年内都无法上学。那群女孩的行为让他无法解脱,整个事件在他脑子中一遍一遍地重播,让他无法释怀。一个糟糕的决定破坏了他的整个青春期。

我一而再再而三地跟家长们强调,这是发生在身边的真实案例,必须引起足够重视。孩子们必须慎重对待自己在网上分享的图片。他们必须知道,图片言论一旦上网就不可能完全清除。如果家长怀疑自己潜伏期的孩子接收或者分享了不合宜照片,他们必须即刻采取行动,向孩子解释,这些行为完全没有必要,没有人会因此更喜欢他们;相反的,这种行为会令自己身陷麻烦,他们的照片可能被很多人分享传播。孩子们一旦遇到这种问题,必须告诉成年人,向他们寻求帮助。对于潜伏期孩子来说,在这个问题上没有任何协商余地,这是绝对禁止的行为。

网络霸凌

儿童热线注意到,在过去的 5 年里,网络霸凌增长了 88%。有些电

第七章 网络风险和保护儿童安全

话甚至来自7岁幼童。三分之一的霸凌发生在网游和社交网站。美国的一个研究发现，在他们调查的1502名10～18岁孩子中，有87%亲眼见证了网络霸凌的发生。网络霸凌对年幼孩子的影响是非常严重的，潜伏期孩子的情绪还没有成熟到足以应对霸凌的破坏性后果，面对社交媒体中的那些尖刻的羞辱性言论时，他们更是难以应付。网络霸凌往往对孩子发的帖子或者照片百般挑剔批评。这种类型的霸凌大都是羞辱性的，可能导致悲剧性的认知失调。霸凌并非只发生在游乐场。霸凌可以随时随地发生。孩子一旦遭遇网络霸凌，就会感觉无可逃遁，没有一个角落是安全的。

网络霸凌包括：

● 发送威胁性或者辱骂性信息。

● 制造和分享令人尴尬的图片和视频。

● 网络"喷子"——在社交网站、聊天室或者网络游戏上发送威胁性或者令人心烦意乱的信息。

● 在网游、网上活动或者朋友圈里排挤孩子。

● 建立针对某一个孩子的仇恨网站或者仇恨群体。

● 鼓励年轻人自残。

● 在冒犯性的民意调查中给某人投票（比如说班上最丑的女孩是谁，谁是最肮脏的男生）。

● 开设假账号或者劫持盗用他人账号来羞辱一个年轻人；或者用他们的名字来制造麻烦。

● 发送色情短信。

● 迫使孩子发送性图片或者强拉孩子进行具有性意味的谈话。

限屏教育
UNPLUGGED PARENTING

很多家长都以为网络霸凌只发生在别人家孩子身上,和自己孩子无关。然而在我的工作中,曾接触到大量的初中学校,每一所学校都面临着网络霸凌、色情短信以及孩子被利用、剥削的问题。在和无数的主导老师谈话之后,我了解到几乎每一个年级的男孩女孩都会遇到这样的问题。这是一个非常普遍的问题,绝对不可以漠视。即使你的孩子没有遇到这样的问题,他们也大都会认识深陷其中的当事人。我儿子所在的小学最近给家长发送了一封警告信,提醒大家最近有一款可以发布匿名评论的新程序,学校里已经有人在上面成为霸凌靶标。这个问题已经开始影响小学生,而不仅仅是青少年——这便是家长不得不面对的现实。父母必须和孩子们探讨网络霸凌,就好像你和他们谈论真实世界中的霸凌问题一样。和他们聊一聊在网上有可能看到读到的信息,探讨其中可能包含的伤害性内容。因为屏幕的匿名性和隐秘性,很多孩子不认为这是霸凌。而家长则必须给这种行为打上霸凌的标签。让孩子学着换位思考,如果看到一个针对自己的帖子,他们会怎么想?如果有人对自己说同样的话,他们会感觉怎么样?

你的孩子是霸凌者怎么办

电脑屏幕特有的匿名隐匿性常常会让孩子(甚至包括很多成年人)误以为自己可以在网上随心所欲地发言,不管这些话有多伤人,都不会造成什么后果。因此,我们非常有必要尽早教会孩子在发帖之前,对自己在键盘上敲下来的话想一想:这些话是否会在游乐场上说给自己的朋友听?是否愿意让家长和老师看到自己即将发表的评论?

我的一个朋友告诉自己的孩子,上网的时候,一定要想象父母就在

CHAPTER 7 第七章 网络风险和保护儿童安全

身后看着自己敲下的每一句话。如果这些话不适合父母看到，那么就不应该发到网上。真实世界的规则同样适用于网络世界。家长还可以和孩子一起讨论，什么样的评论和分享是有趣的，什么样的是具伤害性的，学会甄别二者之间的不同。美国的一项研究调查了500名11～15岁儿童，发现他们中间有15%的人承认自己曾经网络霸凌过别人。研究者发现，女孩子倾向于发布带有恶意的评论，男孩子则热衷于发布具有侵犯性的照片和视频。

如果你的孩子被指认霸凌：

● 在没有得到全部事实之前不要妄下定论。你肯定会生气、担忧或感到羞愧，但要尽量避免让情绪影响自己的判断。

● 保持冷静，和孩子交谈，了解实情。他们这样做是出于好玩，显得"酷"，或者仅仅是为了得到更多点赞？他们在真实生活中是否和对方有过节？他们是否为了报复对方？

● 不要没收他们的屏幕设备——他们需要学习如何安全正确地上网和使用社交媒体。禁用并不能解决问题，反而会导致问题再次发生（如果孩子承认自己犯下严重罪行，那么家长可以没收所有的屏幕设备，禁止他们在一段时间里使用屏幕。但是永久禁止屏幕则没有益处）。

● 网络霸凌意味着孩子还不具备上网和使用社交媒体所需要的情绪成熟度，父母需要对他们的上网行为进行限制，或者减少他们上网的时间。他们发布的所有内容都必须经过父母的认可。要让孩子清楚，只有在他们证明自己具备一定的成熟度之后才可以重新获得自由上网的权利。

● 和孩子探讨，他们的评论和照片可能令当事人产生什么感受？帮助孩子认识到言论的力量。

限屏教育
UNPLUGGED PARENTING

>>案例分析<<

13岁的詹姆斯被转诊给我的时候情绪极度低落——自残、焦虑、拒绝上学。他的心理健康在过去的几个月里越来越糟糕,但他却总是拒绝对父母敞开心扉。他的父母对此束手无策。詹姆斯拒绝对任何人谈自己的感受,拒绝谈情绪低落的原因。他需要得到紧急心理治疗。

疗程

很清楚,詹姆斯一定是遭遇了什么创伤性事件,才导致他的极度恐慌。我足足花费了几个月的时间才和他建立起信任关系,他终于对我开口了。

"我不敢告诉你,因为他会来抓我。"詹姆斯说。

我问他:"谁会来抓你?"直到此时,这件令人毛骨悚然的事情才得以曝光。詹姆斯告诉我,两年前,他11岁的时候,是一个滑板论坛的成员。他总是在卧室里用自己的电脑上网,父母对他在网上的行为从来不过问。有一天,他在论坛上时,突然有一个孩子开始和他聊天。这看起来没有什么异常,因为詹姆斯同时和几个孩子网聊。那个人告诉他,自己比他大一点,而且对滑板了如指掌。詹姆斯很喜欢和他互送短信。这个人花了几个月的时间来骗取詹姆斯的信任——而詹姆斯却毫不知情。他们开始相互发送私人信息,谈论滑板,传送小贴士,分享玩笑。最终,那个少年请詹姆斯把手机号告诉他,以便更加方便地发送短信,确保自己可以和他同时登录论坛聊天室。突然有一天,这个男孩邀请詹姆斯进行视频聊天。这时詹姆斯才惊恐地发现,

CHAPTER 7　第七章　网络风险和保护儿童安全

这个所谓的"青少年"其实是个五十几岁的男人。他威胁詹姆斯，假如他跟任何人说起自己，他和他的家人就会遭遇不幸。然后他命令詹姆斯给他表演各种性行为。那以后，每隔几天他就会和詹姆斯视频聊天，强迫詹姆斯做同样的事情。在以前的聊天中，詹姆斯曾经提到自己的学校。这个人就偶尔把车停在詹姆斯的学校门口，向他招手。可以想象得到，詹姆斯处于怎样的极度恐惧之中。这个人向詹姆斯灌输了强烈的恐惧，威胁他，如果告诉别人，他就会杀了詹姆斯的家人，或者让所有人看到詹姆斯做过的事情，令他羞愧难当。他的威胁成功地令詹姆斯封口。他晚上和詹姆斯视频，白天则不断地给他发短信。詹姆斯惊慌恐惧，无法逃脱。他越来越压抑，最终完全崩溃。他的父母无法理解背后的原因——詹姆斯也拒绝开口。

干预

詹姆斯向我坦承整件事情的时候，那个人还在和他保持联系。我向詹姆斯解释，我首先必须做的事情就是报警。詹姆斯害怕极了——警官和我再三向他保证他的安全，让他相信这个人不可能伤害他和家人。获得詹姆斯的同意后，我们也把情况告诉了他的父母。可以想象家长有多震惊恐慌。他们万万没有料到这样的事情居然会发生在自己的孩子身上，自己却毫不知情。詹姆斯的妈妈陷入了深度自责中，她懊恼自己居然会让这样的事情发生在自己的眼皮子底下，责怪自己忽视了孩子越来越低落的情绪，对孩子的自我隔离视而不见。

了解到他的经历后，我知道他的康复需要极大的努力。我必须帮

助詹姆斯重寻安全感。我向他保证那个人已经被抓了起来，虐待已经终止。在整个法律程序中，我都给予他最大的支持。通过治疗，我帮助他理解过去发生的一切都不是他的错误，和他的言行没有任何关系。我还和他的学校合作，努力帮助他重新拿起课本。他以前有不少朋友，在虐待开始以后，他已经退出了那个世界。一个孩子一旦和自己的同龄人失去联系，再要重新整合进去就会变得非常困难。这就好像一场竞赛——所有人都在努力跟上脚步，而你却停步不前。等你抬头四处张望的时候，周围已空无一人，只剩下自己。从这个角度来说，生活前进的脚步的确非常快。我们必须帮助詹姆斯重建在学校的社交关系，帮助他找回和朋友相处的自信。他以前最喜欢滑板，可是现在却害怕尝试。我们安排他的一些朋友在人少的时候带着他重新回到滑板公园。慢慢地，他对滑板的热情终于重新点燃起来。

结果

迫害詹姆斯的那个人被抓了起来。调查发现，他曾诱奸过好几个男孩。他认了罪，被关进了监狱。詹姆斯逐渐返回学校，一开始是半天时间，然后慢慢延长。他已经错过了太多的东西，需要额外的帮助。他还开始结交一些朋友。

过去发生的一切给他造成的创伤实在太大，他对网络再也没了安全感，完全拒绝上网。我告诉他，这样做不大现实，帮助他面对自己的恐惧，重新开始使用网络。整个疗程持续了好几个月，他的心理健康终于开始好转起来。

CHAPTER 7 第七章 网络风险和保护儿童安全

危险信号

你的孩子是否出现了以下状况？如果答案是"是"，那就表明你的孩子可能正在遭遇网络霸凌或诱奸。如果你怀疑孩子被卷进了网络霸凌中——不管是霸凌者还是被霸凌者——你都需要通知孩子的学校，尤其是当另一方孩子也在同一所学校的时候。现在学校都有网络安全政策，应该会提供帮助。学校也有可能会给遭遇严重霸凌的孩子提供咨询。同时你还应当和自己的家庭医生取得联系，向当地健康部门或者儿童机构寻求支持。

- 你的孩子很焦虑、爱哭，或者情绪低落。他们也有可能情绪大起大落。
- 他们从来没有像现在这样容易暴怒发脾气。
- 他们不愿上学。
- 他们的朋友圈发生了变化，他不再像以前那样提起自己的某些朋友。
- 他们的饮食睡眠发生了变化。
- 使用屏幕的时候，他们从来没有像现在这样躲躲藏藏。他们不愿意在别人面前使用自己的屏幕设备。
- 他们上网的时间突然显著增多。

保证孩子在社交媒体安全的一些措施

- 告诉孩子，在网上不管遇到什么令他们感觉不舒服的事情都必须尽快告诉父母。积极鼓励公开坦诚。

限屏教育
UNPLUGGED PARENTING

●使用隐私设置。这些设置并不完备，但是很有帮助。教孩子学习使用社交媒体上的隐私设置，把自己的信息设置为公开或者私人。确保他们的照片墙和脸书账号设置为私人账户或者受保护账户。只有经过他们确认的人才可以看到他们的照片和帖子。时常检查他们的隐私设置。

●孩子大一点以后，教他们学会如何阻止或者举报某人。

●如果潜伏期孩子已经有了社交媒体账号，家长必须时常登录检查他们发布的帖子和评论。家长应当知道孩子所有的密码，在社交媒体上成为他们的追随者，以防万一。

●在孩子使用社交媒体之前必须和他们进行一次或者多次谈话，制定一个令你觉得安心的规则。坚持有章必循，在没有得到自己批准之前，孩子不能在网上发布任何信息。为了严格监控孩子的网络行为，有的家长让孩子只能在自己的手机上登录账号。

●和潜伏期孩子谈论网络安全问题，告诫孩子绝不能在社交媒体上向陌生人透露自己的姓名、家庭住址、电子邮箱或者学校的名字。

●孩子只能允许在真实生活中认识的人查看自己的社交媒体账号。

●不管是评论别人的帖子还是发布自己的帖子，孩子点击发送之前一定要三思。请孩子好好考虑一下，他们是否会当着对方的面说同样的话。如果不会，那么他们也不可以在虚拟世界中说。

●鼓励孩子和你分享他们在社交媒体上经历的美好的和糟糕的事情。如果他们看到或者读到让他们感觉不安的内容，鼓励他们尽早告诉你。

●把"陌生人危险"的概念转移到网络世界中去，告诉他们诱奸行为的存在（用和孩子年龄相符的方式）。给他们解释，社交媒体上的人有可能和他们自己描述的样子不一样。孩子在真实生活中是否认识这个人？一定要非常明确地让孩子知道，不管遇到什么让他们不安的事情，

CHAPTER 7　第七章　网络风险和保护儿童安全

或者是不知道该怎么处理的事情，一定要告诉父母。父母要尽可能确保潜伏期孩子只在公用场所使用屏幕设备——比如说客厅、厨房，而不是自己的卧室——以便父母对孩子上网进行监管。

●控制孩子上网查看的内容。给屏幕设备或无线网络加上限制，防止他们看到不合宜的内容。

第八章

特殊孩子的网络世界

对于一些特殊儿童来说,我认为家长需要更加严格些。在某些时间段,可以考虑实施禁止屏幕的措施。

CHAPTER

8

CHAPTER 8　第八章　特殊孩子的网络世界

为什么有特殊需求的儿童更容易受到网络世界的影响
为什么他们需要更多的屏幕时间

屏幕时间对于大部分家长来说都是一个难题。对于自闭症儿童的家长来说，更是难上加难，因为自闭症儿童很容易对某一件东西着迷。对很多年幼的自闭症孩子，尤其是男孩子来说，这件东西往往是屏幕设备。总体上来说，患有自闭症的男孩在数量上远远超过女孩，比例大概是 5:1。我们还不大清楚为什么会有这么明显的性别差异。究竟是自闭症真的更容易影响男性，还是现有的评估措施更容易识别出男性自闭症？女孩子的确更善于隐藏自己的社交问题，她们往往看起来有一些社交技能，这反倒令我们更难发现她们存在的社交困难。

最近，一位妈妈泪眼汪汪地告诉我，她不得不把家里的屏幕设备全部锁起来。这是控制她那个自闭症女儿使用屏幕唯一有效的办法。她女儿日复一日地在油管上反反复复地看同一个音乐视频，玩同一款电子游戏。她不得不变着法子藏放屏幕设备，而女儿为了找到它们几乎能把家里翻个底朝天。只要女儿醒着，家里就不能有人使用任何屏幕设备。家里客人当着女儿的面使用手机的时候，她居然会攻击客人抢夺手机。妈妈再也无法承受。

限屏教育
UNPLUGGED PARENTING

由于工作原因，我知道数字设备对于这些有特殊需求的孩子来说其实是一把双刃剑。对于自闭症患儿来说，网络世界是他们天然的舞台。他们的大脑倾向于用一种更加细节化的方式极为专注地处理信息，往往被模式、重复和序列所吸引，这也就意味着他们拥有处理数字媒介的天赋，也很容易受到数字媒介的强烈吸引。数字世界建立在电脑语言的基础上，而电脑语言则是二进制系统，富有逻辑，结构清晰，意思明确。这里不存在灰色地带。这种处理信息的方式和自闭症患者的思维方式非常接近。对于自闭症患儿来说，和社交领域灰色地带的不可预知性比起来，网络世界可简单多了。由于这个原因，网络世界算得上是自闭症患儿的庇护所。在那里，他们特殊的认知思维使得他们优于普通儿童。自闭症患儿在真实世界中挣扎，但是在网络世界中，他们却表现突出。

然而，在网上寻求庇护也有负面效应。这些孩子一旦沉迷其中，真实世界就变得更加乏味。他们就会越来越脱离真实生活，陷入虚拟生活中。网络世界本来就对大多数孩子具有强烈的吸引力，再加上自闭症的倾向，这个问题就成了令父母头疼的难题。

多动症孩子

很多多动症孩子也很容易受到数字媒介的吸引，尤其是像电子游戏这样包含高水平多感官刺激的活动。多感官刺激往往包括图像、声音和动态等。由于这个原因，电脑比电视更加刺激，更有吸引力。对于多动症孩子来说尤其如此。多动症孩子的家长往往提到，孩子唯一安静专注的时候就是使用屏幕的时候。这是因为多动症的核心症状便是缺少控制和引导注意力的能力。多动症患者极其容易分心，很难专注在一项工作中。

CHAPTER 8　第八章 特殊孩子的网络世界

如果一件事情枯燥乏味，不能引起人们的兴趣，所有人都会难以集中注意力。而多动症患者的专注阈值更高，更难集中注意力。只有声音足够大，光线足够亮，视觉冲击足够大才能让他们集中注意力。这就是电子游戏能够让多动症儿童和多动症成年人保持专注的原因所在。

自闭症儿童被电子设备所吸引，这种额外需求却有可能导致麻烦，因为这同时意味着他们更加容易受到屏幕时间的负面影响。

沉溺于屏幕时间

研究者发现自闭症儿童和同龄人相比，往往更加频繁地使用屏幕。一项研究比较了自闭症儿童和他们非自闭症同胞的屏幕时间，结果显示，自闭症患儿花在电子游戏和电视上的时间比他们所有的非屏幕活动时间多出60%。他们很少使用社交媒体，在电视和电游上花的时间比在运动和社交活动上的都要多。而他们的兄弟姐妹则更多地参与非屏幕活动。

研究者还发现，自闭症儿童和青少年发生电子游戏问题使用或成瘾使用的概率更高。这个研究同时发现电游的问题使用往往和漫不经心或对抗性行为显著相关。喜欢角色扮演游戏的自闭症男孩发生问题使用的概率更高，也更多伴随着行为问题，比如争执、拒不服从指令以及攻击行为。

失调和易激怒

情绪难以调节的状态被称为失调。如果你曾看过一个年幼孩子在屏幕前情绪失去控制，你就会彻底理解这个词的意思了。孩子很可能恼怒、

激动、焦躁或者烦躁不安——也许是因为游戏没有按照他们的意愿进行，也许是因为他们快输了，或者被杀了。也许你会把他们形容为"亢奋"——他们会在游戏过程中或者结束时大声喊叫，跳来跳去。他们的身体也随之发生生理变化——他们的心率血压增高，肾上腺素分泌，变得易激惹，甚至具有攻击性。这就好像是他们和屏幕设备进入了争吵模式——同时他们沉浸其中，难以自拔。这就是大部分孩子在屏幕设备前的表现。自闭症患儿的情绪调节能力更差，更容易发生这种变化，而且强度往往超过正常儿童。处于情绪失调状态对于儿童的身心健康没有任何好处。如果孩子长时间肾上腺素高分泌，经常处于战斗或逃跑模式，那身体就会受到损伤。从心理学角度来说，这种心理应激状态也是有害的，其会令孩子长期亢奋焦虑，难以承受。

自闭症和多动症患儿大多有多巴胺系统失调的问题。高多巴胺水平让大脑高速运转，增加大脑负荷；而低多巴胺水平则会影响专注力。一些医生认为，这正好可以解释屏幕时间对这些孩子的诱惑：这些孩子的多巴胺系统反应迟钝，所以他们会寻求多巴胺刺激。

多动症患儿最常用的治疗药物利他林，便是通过提高多巴胺水平来达到治疗效果的。

睡眠问题

大约50%～80%的自闭症儿童有严重的睡眠问题。他们很难入睡，也容易惊醒。他们的褪黑激素水平可能很低，而褪黑激素是调节睡眠的重要激素。一个研究发现，长时间打电游以及在卧室看电视、使用电脑都有可能导致自闭症男孩的睡眠障碍。研究者进一步发现，这些男孩每

CHAPTER 8　第八章 特殊孩子的网络世界

天打电子游戏的时间和睡眠时间减少存在显著相关。在面对一个自闭症患儿的时候,我的建议是限制或者避免在睡前使用屏幕,特别要注意帮助他们建立好睡前常规,养成好的睡眠习惯。

更可能遭遇网络霸凌

正常儿童已经具备相当强的能力,可以对社交场合进行判断,并且理解社交中的细微差别。和他们同龄的自闭症谱系儿童却在这些方面存在障碍。他们不能轻易对一个场合做出判断,也就更容易被人利用甚至遭遇霸凌。一项研究发现,有特殊教育需求的孩子比同龄人遭遇长期网络霸凌的概率高出 16 倍之多。这就意味着他们需要得到更大强度的家长指导。

自闭症儿童在真实世界中的社交理解障碍,同样会在数字世界中给他们带来麻烦。很多自闭症孩子告诉我,他们很难理解短信的内容。而且因为网上无法面对面交流,缺少脸部表情和身体语言的辅助,他们很难理解对方究竟在说些什么。同时,一些自闭症患儿在缺少面对面交流的时候,他们就会变得更加胆大。有些话他们可能不会在真实生活中说,但是却会在社交媒体上说出来。我还接触过不少自闭症儿童,他们常常忘记网络行为也会导致现实后果。

出于以上原因,自闭症患儿特别容易成为网络诱奸的受害者。家长必须加大对孩子屏幕时间的监管力度,清楚地了解他们在网上究竟做些什么。

限屏教育
UNPLUGGED PARENTING

屏幕时间不是社交时间

这是我对自闭症患儿最大的担忧。自闭症儿童在面对面交流中会有很大困难,而虚拟世界刚好给他们提供了一个机会,让他们不需要面对面就能够和别人建立社交关系,和他人进行交流。在数字世界里,他们可以和别的年轻人发生互动,分享共同的兴趣爱好(比如说网络游戏)。这就给他们提供了一种结构化的交流方式,他们知道可以聊些什么,谈话也能更加专注。一旦缺少这样的结构,他们就不知道该说些什么,社交互动也就变得困难起来。对于那些交朋友存在困难的孩子来说,屏幕时间给了他们社交的机会,可以帮助他们建设自尊自信。而且社交媒体让他们和学校里的同龄人多了一些共同点,也可以帮助他们融入群体。

但是,一旦屏幕设备成为真实世界的替代品,问题就出现了。可悲的是,这恰恰是发生在很多自闭症患儿身上的情况——真实世界越艰难,他们就越退缩到虚拟世界中去。在那里他们更能够感到安全。如果孩子觉得校园生活太困难,交不到朋友,没有社交,那屏幕设备就会成为他们的避难所。设备不能给你任何反馈,你不需要费劲理解他们究竟在对你说些什么,事情就变得轻松了很多。

这就让父母陷入了两难境地,让孩子做他们喜欢而且天然擅长的事情,同时又要保证屏幕设备不会取代生活。必须在这两者之间找到一个平衡点,千万不要让数字代替社交。我们不能让孩子变得过分依赖虚拟世界,尤其是在建设社交技能的潜伏期。自闭症患儿需要大量支持来帮助他们发展社交。从长远来说,逃避现实不会对他们有什么帮助。

CHAPTER 8　第八章　特殊孩子的网络世界

家长可以做些什么

家长必须要时刻警惕，一旦察觉屏幕时间越来越渗透到孩子的生活中，就必须在发生问题之前尽早采取措施——反应一定要快过应对非自闭症儿童。我给我所帮助过的家长建议，确保孩子在屏幕时间和非屏幕活动之间找到平衡点，尤其是那些给孩子提供社交互动机会的活动。

结构和时间表的重要性

我总是对自闭症患儿家长一再强调，必须要有一个严格的、安排妥当的计划。我提醒家长们要用孩子理解世界的方式来和他们相处——自闭症孩子很可能总是按照字面意思来理解一切。对非自闭症孩子，家长可以给他们更多的机动性，告诉他们每天可以有两个小时的屏幕时间，他们可以自己决定如何分配。但是对自闭症患儿，家长要更加明确，列出每天屏幕使用开始和结束的时间。如果只是告诉自闭症患儿每天可以有两个小时屏幕时间的话，他们会很难控制。必须给他们安排好明确的时间段，而视觉直观的日程表往往最奏效。再加上定时器显示剩余时间，可以让他们明确知道自己还可以玩多久。"现在和接下来"的表格可以让他们意识到关闭屏幕后自己应做些什么。这可以帮助他们更加顺利地转移到下一个活动中去。将一张 A4 纸分成两半，左上方写着"现在"，右上方写着"接下来"。用符号或者图片代表孩子"现在"在做的和"接下来"要做的事情，分别贴在左栏和右栏。孩子会认字的话，你可以不用图片，而是直接写在上面。

家长很有必要接受这样一个事实：屏幕时间对于自闭症儿童来说往往非常重要。他们操作熟练，很容易成功。有时候，这很可能是他们生

限屏教育
UNPLUGGED PARENTING

活中唯一让他们产生控制感的领域。然而,你得确保恰到好处。请记住,他们花在电子游戏、应用程序或者油管上的时间越多,发展其他重要技能的时间就会越少。

更多而不是更少的屏幕时间吗

自闭症患儿倾向于对某一样特殊事物产生特殊兴趣。对于那些他们特别喜欢的事情,他们可以不停地研究谈论下去。在和自闭症患儿大量聊天后,我对恐龙、运输工具(尤其是火车)、昆虫、太空、乐高和星战的了解随之暴增。我总是提醒家长们要和孩子们分享他们的爱好。如果孩子对什么事情感兴趣,那就协助他们上网查找和收集相关信息。对于自闭症患儿来说,他们的强烈兴趣就像是他们的一位朋友:他们会在其中投入大量时间精力,从中收获很多快乐。这一点应当得到家长的认可和支持。

屏幕时间的好处

如果管理得当,虚拟世界可以给潜伏期的自闭症患儿提供很多机会(自闭症患儿在电脑测试中的表现往往优于传统的纸笔测试)。

研究者正在尝试利用自闭症儿童天然热爱屏幕这一点来帮助他们学习社交技能。加州大学戴维斯医学中心的研究者尝试利用虚拟现实来教自闭症儿童更好地掌握目光接触。他们在屏幕上模拟不同的场合,让孩子们练习和屏幕上的人脸进行目光接触。

还有很多为自闭症儿童量身设计的应用程序,给他们展示如何在不

CHAPTER 8　第八章 特殊孩子的网络世界

同社交场合中举止得体,帮助他们学习情绪和脸部表情,给他们设计视觉直观的日程表,给他们发送提示,帮助他们更好地管理时间。

每个孩子都不一样

和所有家长一样,自闭症儿童的家长必须找到什么才是最适合自己孩子的。从我的临床经验来看,自闭症患儿对不同的社交媒体会有相当不同的反应。有的孩子可以利用数字设备来帮助自己放松。电脑可以让他们远离真实世界,让大脑放松休息,最终平静下来。对于另外一些自闭症儿童来说,上网却让他们感觉兴奋刺激。观察孩子使用屏幕的状态,他们的体态看起来是紧张的还是放松的?他们是否安静专注?你可以轻松地让他们停止使用屏幕设备吗?关闭设备之后他们的行为怎么样?有了这些细节,你很快就能把握好对孩子最恰当的屏幕时间安排。

我几乎很少建议家长禁止屏幕时间,因为大部分时候,禁止都难以坚持下去。然而,对于自闭症患儿,我认为家长需要不同的规则,甚至要更加严格些。在某些情况下,或者一天中的某些时间段,家长可以考虑实施部分禁止屏幕,以更好地支持孩子的全面发展。

>>案例分析<<

7岁的爱德华在4岁的时候被诊断为自闭症。他喜欢说话,而且吐字清晰,但是有社交障碍。以前他是一个平静守规则的孩子,最近他在家里的行为突然完全失控,多次大发脾气,赖在地上不起来,威胁要砸烂家里的东西。而且在学校里也开始出现这些行为,甚至在游乐场里和

限屏教育
UNPLUGGED PARENTING

其他孩子打架。父母非常困扰,不知道究竟是怎么回事。

疗程

治疗一开始,我就努力寻找爱德华大发脾气背后的原因。他的父母并不知道是什么造成了他的行为变化,我花了好几个星期才终于有了答案。爱德华的父母提到他闲暇的时候最喜欢在电脑上查找信息。可是当我问他究竟在查看什么内容的时候,他们却不清楚。他们只知道孩子不玩游戏,多半在自己的卧室里安安静静的,喜欢研究自己感兴趣的主题。他们也就不闻不问。我直接问爱德华,在电脑上喜欢做些什么。他承认自己最近迷上了三个18级游戏,其中包含了大量暴力内容。他无法克制地想要玩这些游戏,但是他知道父母不会同意。他一向遵守规则,现在面对这种冲突,他内心十分不安。他无时无刻不在想着这些游戏,上学也无法专心下来。他会在屏幕时间里研究这些游戏,找到了不少游戏截图和一些游戏视频,他对这些尤其着迷。他恼怒而沮丧,纠结不已。因为担心平板电脑被没收,他也不敢和父母谈起游戏的事情。爱德华内心充满矛盾冲突。这导致他时常"短路",变得易怒好斗。

干预

我给爱德华解释,必须让父母了解他的困扰和不安,让父母知道,正是他的心态导致了他的行为突变,使他惹下诸多麻烦。

家长从来不知道他在电脑上做些什么,了解情况后他们感到极为震惊。我并没有直接告诉爱德华这些游戏非常不合宜(就像我对非自

CHAPTER 8　第八章　特殊孩子的网络世界

闭症儿童说的那样），因为我知道这会让他更加焦虑不安，很可能引发更大的怒火和破坏性行为。我向爱德华的家长解释，必须及时处理他对游戏的迷恋。我和爱德华聊天，了解他究竟喜欢游戏的哪些方面。最后发现，他就是对游戏剧情尤其是包含战斗暴力的剧情感兴趣。他喜欢看不同角色之间的打斗，以及打斗中受伤的景象。我让他研究电视剧《糟糕历史》里的内容。这部电视剧同样残忍可怕，但是更加适合他的年纪。爱德华并不是一个有暴力倾向的孩子——他平静而被动。他只是刚好对暴力流血感兴趣。

我还允许他在母亲陪伴下研究这些暴力游戏的制作背景——比如说设计者是谁、游戏理念来自哪里、动画是如何设计的、何时发售、已经卖出了多少拷贝等等。之后他把这些信息整理成为一本数字剪贴簿，还向我和其他人展示自己的作品。

结果

研究游戏、制作数字剪贴簿似乎满足了爱德华的迷恋，他的情绪很快平定下来。他不再和自己内心的混乱和罪恶感搏斗。我们允许他满足自己的迷恋，这让他内心更有控制感。慢慢地，他的迷恋开始消退——现在他喜欢的东西完全不同了。引发问题的不是迷恋本身，而是他对自己迷恋对象的焦虑。爱德华的父母也意识到他们需要更多地关注孩子使用电脑的情况。他们一致同意，孩子可以在楼下使用电脑，而且必须向他们公开所研究的东西。他们也让孩子清楚地知道，他们很高兴看到他有自己感兴趣的东西，也愿意跟他一起研究这些东西，

当然必须是以年龄相符的方式。

 **危险信号**

家长需要警惕以下情况：

● 他们对屏幕时间着迷，已经到了连续好几个小时使用屏幕设备的程度，而且拒绝做其他事情。

● 上网令他们亢奋。

● 屏幕时间令他们筋疲力尽或者过分激动。

● 上网时间越来越多，逐渐取代了生活中的很多活动。

 **解决办法**

● 控制这种迷恋对于家长来说往往十分困难。这些特殊孩子的家长必须特别严格，始终如一地遵守并执行屏幕时间的规则。

● 对孩子在网上的活动需要警惕，可以给他们提供多种数字活动选择。为了防止他们沉迷于某一款游戏或者活动，把不同的屏幕活动混杂起来，让他们在屏幕时间多一些跳跃性选择。

● 接受现实，你的孩子可能需要更多而不是更少的屏幕时间，尤其是在他们想要研究一些特殊兴趣爱好的时候。

● 知道他们在网上喜欢和谁互动（对于潜伏期孩子来说，他们只能和真实生活中认识的人互动）。

● 和他们聊一聊网络上的得体行为，帮助他们了解诱奸案例，鼓励他们尽可能地和你分享所有让他们感到困惑不安的事情。

CHAPTER 8　第八章　特殊孩子的网络世界

●承认虚拟世界对他们的重要性。对于很多自闭症孩子来说，网络世界就是他们的天然庇护所。他们在真实生活中往往有社交障碍，难以和人交流，但是虚拟世界恰恰给他们提供了一个很好的机会。

第九章

过多屏幕时间和暴力的关系

从专业角度来说,我的建议是,潜伏期孩子不应该玩超过自己年龄级别的游戏。游戏分级是有道理的,家长必须要坚守阵线。不幸的是,这条阵线往往失守。

CHAPTER

9

CHAPTER 9　第九章　过多屏幕时间和暴力的关系

打电子游戏会让孩子变得暴力吗
如何帮助孩子理解幻想和真实之间的区别

　　一位亲戚最近带了一副虚拟现实(virtual reality, VR)眼镜到我家来。我和孩子们都尝试了一下。我以前打过电子游戏，老实说，从来没有对电游产生过特别兴趣。但是这回，出于好奇的一次尝试就让我完全惊呆了。虚拟现实眼镜让我全身心地沉浸在其中。一戴上眼镜，我就立刻化身为蝙蝠侠和坏蛋搏斗，这简直真实得让人难以置信。我的8岁儿子则完全被迷住了，他想知道和它有关的所有信息——价格多少？在哪里能买到？可以玩哪些游戏？他一定是在策划自己的下一个生日礼物或者圣诞礼物了。

　　我很欢迎技术进步，任何人任何抵制都是没有用的——然而，我还是有所保留。像VR这样的技术，把幻想变得极为真实。然而潜伏期孩子却还没有发育成熟到能够区别幻想和现实的程度，他们会立刻被VR所吸引。我担心，随着技术进步，虚拟变得更加真实，孩子们会更难以从中脱身，回到真实世界。如果你把VR应用到第一人称射击游戏中去，那么暴力流血就会变得难以置信地真实。对于孩子来说，幻想和真实之间的界限就会更加模糊。

限屏教育
UNPLUGGED PARENTING

虽然我的家庭对技术抱着欢迎的态度，但我总是严格禁止孩子们玩任何暴力性质的游戏。我会让潜伏期的儿子玩一些包含冲突、打架和战争的游戏，但都是适合他那个年龄段的。有不少为儿童设计的游戏中包含着攻击型的暴力成分，家长们必须提前了解，确认其暴力程度在自己和孩子可以接受的范围内。我一贯对家长们说，孩子们是否有能力处理那些血腥场面？如果对此不能确定，宁可保守。接触那些攻击暴力画面不会让孩子们有什么收获，反而有可能导致很多问题，比如做噩梦、出现心理问题以及不必要的焦虑。

家长为什么要严守电脑游戏的年龄分级

英国的电脑游戏是按照 PEGI（Pan European Game Information，泛欧游戏信息组织）系统进行分级的。游戏的级别数意味着游戏适合这个年龄以上的人——比如，级别为 7 的游戏适合 7 岁以上孩子。PEGI 一共有 5 个级别——3、7、12、16 和 18。级别 3 和 7 仅仅是建议性的，而 12、16 和 18 级别则对零售商有法律约束。在年龄范围旁边还必须说明定位此级别的原因——比如，游戏中包含脏话、暴力或者性画面。家长们还必须了解电子游戏分级系统和使用设备有关系。手机游戏、平板电脑游戏以及电脑网游的分级系统是不一样的。举个例子，《我的世界》这个游戏是 7 级，但是它的副产品《我的世界故事模式》却是 12 级。

从专业角度来说，我的建议是，潜伏期孩子不应该玩超过自己年龄级别的游戏。游戏分级是有道理的，家长必须要坚守阵线。不幸的是，这条阵线往往失守。我在临床工作中，常常看到 11 岁或者更小的孩子玩 16 甚至 18 级游戏。这些游戏包含大量血腥暴力画面，比如《使命召唤》

CHAPTER 9 第九章 过多屏幕时间和暴力的关系

《光晕》和《侠盗猎车手》。这种情况多见于有兄长打电游的家庭。年幼的孩子通过兄长接触到这些游戏，家长往往难以控制局面。

通过这些游戏，孩子们看到了很多让他们焦虑的内容。因他们尚不具备完全处理这些内容的能力，情绪常受到影响。一旦孩子们看到了什么，他们就不可能回到看到之前的状态。家长最好每天都思考一下这几个问题：希望孩子看到什么？了解什么？脑子里想着什么？我相信，光是处理和发育有关的任务都足够儿童的大脑忙碌的了。完全没有必要让它额外处理那些有可能让他们感觉焦虑的图片和信息。

看到潜伏期的孩子可以玩超龄游戏的时候，有的家长会感到开心。然而，当我问他们会不会带自己潜伏期的孩子去电影院看 18 级别电影的时候，他们总是回答不会。我问那些家长，为什么他们会让自己的孩子去玩 18 级别的游戏，他们的回答通常是："哦，那只是一个游戏。不会对他们造成伤害。"作为成年人，我们知道这只是一个游戏，我们有足够的理智来接受这一点——但是潜伏期孩子做不到。这些游戏里的图片极其真实，往往造成强烈的视觉冲击。在真实世界中，我们会希望孩子们永远不要接触或者经历这样的画面，因为这些画面会引起孩子们的惊恐。家长们应该问问自己：我真的希望孩子接触这个级别的虚拟暴力，甚至习以为常吗？

最近有一个调查显示，那些经常玩游戏的孩子的父母中有三分之二承认自己没有检查游戏的限制级别，55% 承认自己不知道年龄限制也适用于游戏。我曾经遇到无数的孩子，因为在游戏中看到了和自己年龄不适宜的内容而遭受心理创伤。这些图片大多数情况下都是暴力恐怖，与色情无关。我曾经帮助过的一个 7 岁男孩，他成功地取消了自己屏幕设备上的安全设置，玩起了恐怖游戏。在这个游戏中，会有一个鬼追着你，

你必须逃跑躲避。游戏画面效果做得很好，超自然，极其恐怖。这个可怜的7岁男孩吓坏了，晚上睡不着，只能挤到父母床上。

除了暴力以外，任何诱发孩子恐惧的游戏都有可能导致创伤。比如说他们在游戏中被一种生物体追逐，或者外星人要来绑架他们。年幼孩子的认知能力还不足以理解这些都是假的，是真实世界中不存在的。对于12岁以上的孩子来说，他们大都已经知道鬼怪外星人并不存在，可以理智对待游戏，把它当作娱乐。可是潜伏期儿童却做不到这一点。那个7岁男童真的被游戏吓坏了，担心自己的安全失去保障。色情图片虽然也不合宜，但是并不会吓到潜伏期的孩子。他们更可能觉得这些图片有点恶心。有时候，假如孩子偶尔看到色情图片或者色情内容，他们可能会觉得自己淘气或者做了坏事。色情图片往往导致罪恶感。暴力内容则更多地和焦虑恐慌有关。很多看过暴力画面的孩子会联想到自己身处险境，有人会来伤害他们，坏蛋马上就要来抓他们和家人。色情引发罪恶感，暴力引发恐惧——对于这个年龄段的孩子来说，恐惧才是直接影响孩子的一种情绪。上网时偶尔看到不合宜的内容，有可能会令孩子恐慌焦虑，从而出现睡眠问题，半夜惊醒甚至尿床。他们还有可能出现分离焦虑：不愿离开父母，不想上学，拒绝上床睡觉。这些都反映了孩子的焦虑状态，提示孩子可能缺少安全感。

游戏暴力会不会引发现实暴力

很多家长想知道，玩暴力游戏会不会引发人们暴力好斗的行为？在一些引人注目的犯罪案例中，包括桑迪·胡克小学枪击案（20岁的亚当·兰扎2012年在美国康州一所小学枪杀26人），暴力游戏被认为是主要原

CHAPTER 9　第九章　过多屏幕时间和暴力的关系

因之一。在枪杀案发生以后，很多人都在讨论兰扎热衷于玩暴力游戏，比如《使命召唤》《战斗兵种》和《侠盗猎车手》。我个人认为，在讨论为何会出现如此令人费解的犯罪行为时，需要考虑方方面面——比如说兰扎的精神健康状态，以及他对枪支和军队的迷恋。然而，暴力游戏很容易成为替罪羊。并没有研究证明暴力游戏会让人暴力犯罪，但是大量研究显示，暴力电游和攻击性以及缺少同理心很有可能存在关联。有些专家辩解说，显示负面效应的研究比起那些没有发现负面效应的研究更容易得到发表。现有的研究结果并不一致，亦存在漏洞。但我的感觉是，显示这种关联的研究已经很多，不应被忽视。

综合分析总共涉及13万名参与者的136项研究结果，得到的结论是，电子游戏是导致攻击性行为的一个危险因素，也会降低同理心和亲社会行为（表露对他人需求和愿望的了解和善意，并协助他人的正面行为）。

同理心极为重要，对此父母们一定要有足够的认识。我们希望孩子能够识别和同情他人的情绪，并且理解他人为什么会出现这样的感受，这会帮助他们了解自己的行为对别人造成什么样的影响；我们也需要孩子们和他人的感受产生关联：站在别人的角度来理解他们为什么会出现这样的行为，孩子只有感同身受，才会乐于帮助别人。而这一切，都是建立在孩子具有同理心的基础之上。

还有研究显示，经常打暴力游戏会让人对真实生活中的暴力行为麻木。研究者让志愿者打20分钟的暴力游戏或者非暴力游戏，然后让他们观看10分钟记录真实暴力的影片，同时监测他们的呼吸心率。打过暴力游戏的人在观看真实暴力时产生的生理反应明显减弱。这项研究提示，打暴力游戏的人会习惯于暴力，进而对暴力麻木。还有研究发现打暴力游戏的孩子普遍更加具有攻击性，更有可能参与打架斗殴，也更加频繁

限屏教育
UNPLUGGED PARENTING

地和老师顶嘴。

然而，一项研究显示，游戏玩家的攻击性和游戏中的暴力没有关系，而是更多地和挫败感有关。研究发现，游戏不通关、卡壳或者连续失败就会引发挫折感和攻击性，与游戏是否暴力没有关系。研究者说，这种挫折感就是玩家嘴里的"怒退"。另一项研究则认为，电子游戏和攻击性之间的联系很可能是因为游戏中的竞争因素导致的，与暴力无关。

研究者还调查了病态（问题）玩游戏是否会导致更多的身体攻击。他们发现打暴力游戏会导致更多的身体攻击，非暴力游戏则不会。有趣的是，在那些病态男孩玩家中，打游戏越多就越有可能发生身体攻击，而与游戏是否暴力无关。这项研究提示和身体攻击有关系的是玩游戏的时间，而不是游戏内容。研究者相信，这些男孩子在游戏上花了太多时间，影响了生活中其他重要活动，比如上学和家庭作业。玩游戏开始引发他们和学校、家长之间的矛盾——一旦有人试图让他们终止游戏，就会令他们出现戒断症状，包括易激惹和攻击性增强。这项研究提示我们，孩子的攻击性是孩子在被迫中断游戏后出现戒断症状的表现。

很显然，这个领域非常复杂，研究时需要考虑的因素非常多——但是总体的信息还是很清楚的。长时间玩暴力或者竞争游戏会导致攻击性增强——你愿意让孩子冒这个险吗？

游戏转移现象

最近对1600名游戏玩家的研究发现了一种新现象，即游戏转移现象（Game Transfer Phenomena, GTP）。玩家过于沉浸在游戏中，在停止游戏以后，他们会把游戏中的经验转移到现实世界中。研究中所有15

CHAPTER 9 第九章　过多屏幕时间和暴力的关系

至21岁的玩家，都出现了不同程度的GTP，包括脑子里总是想着游戏，停不下来；期待游戏中的情景在真实生活中出现；把游戏中出现的事情和真实生活中的事情混淆起来。玩家年龄越小，玩游戏时间越长，GTP就越严重。曾有不少潜伏期孩子向我描述他们的GTP，很多家长也说孩子会把游戏中的场景变成自己的行动。如果青少年都容易出现GTP现象，可以想见，潜伏期孩子出现这种现象的情况会更加严重。

家长该怎么办

从以上的研究中可以看到，电子游戏和暴力就好像一个雷区，让家长也感到困惑。针对潜伏期孩子，在数字暴力这个问题上，我宁愿保持警觉，保守面对。

暴力游戏充满幻想，逃避现实。成年人知道自己不能真的在现实中到处射杀人，不能偷车，不能杀死丧尸。这些游戏满足了成年人潜意识中的暴力倾向，让他们有一个安全的地方来表达这些幻想。儿童却不具备相应的能力，他们很难理解真实世界和虚拟世界之间最关键的区别。对于我们来说是娱乐和宣泄，对于他们来说却是恐怖。之前我提到大部分家长都不可能让孩子观看18级别的暴力电影。看电影只不过是一种被动经验：屏幕上演各种角色的暴力行为，你作为观众，只是在观看；在玩第一人称射击游戏的时候，你作为玩家，却是在实施暴力。这些游戏会让孩子误以为暴力是正常而有趣的，是在帮助你赢点数通关升级，不会产生什么后果。

让潜伏期儿童接触成人主题极不合宜。这会让孩子陷入认知困境中，让他们面临远远超过自己能力范围的挑战。

限屏教育
UNPLUGGED PARENTING

这些游戏只能给青少年和成人玩是有原因的。儿童只有在迈进青少年以后才能接触这些主题。青少年为了进入成年阶段而做各种准备，开始接触成年生活的更多方面，包括性欲和（令人难过的）暴力。但是在潜伏期，他们还远没有做好在这些方面进行探索和理解的准备。

有些家长认为，应该帮助孩子尽快成长。他们辩解说，我们需要帮助孩子为步入真实生活做好准备，不可能让他们和现实隔离，包括暴力，否则孩子们会天真脆弱，缺少生存能力。我认为恰恰相反，我们需要保护孩子，不让他们过早成熟。社会中存在一个奇怪的矛盾现象：一方面家长们总想保护孩子，不愿意承担让他们出门的风险，而他们自己或上一辈人大都在14岁便离开学校开始工作了；另一方面，在虚拟世界中，却放手让孩子接触那些他们的情绪和社会能力都还不足以应对的东西。

现有的信息存在冲突，我宁可采取保守措施。假如我们会犯错，宁愿我们的错是出于过分警醒。不管是作为心理学家还是作为家长，我都很难找到让潜伏期孩子接触虚拟暴力的理由。即使已证明其不会对孩子造成伤害，但又能带来什么好处呢？我根本看不出来。

如何帮助潜伏期孩子区别幻想和真实

● 鼓励孩子表达自己的感受。问问他们，在看到游戏或者电视里的暴力画面时，会产生什么感觉，是生气、难过、害怕还是兴奋？

● 帮助孩子增强同理心，理解他人。问问他：假如卡通或者游戏里描绘的场景发生在现实生活中，你会怎样看？如果在真实生活中看到有人受了重伤，你会有什么样的感受？

● 提醒孩子，真正的暴力并不是开玩笑。让他们知道，如果有人受伤，

CHAPTER 9　第九章　过多屏幕时间和暴力的关系

那一点儿也不好玩。和他们聊一聊卡通和真实生活之间的巨大差异。

● 比较电子游戏和电视——你的孩子喜欢在电视上看到这些吗？孩子大多理解电视只是人在表演，并非真实，但是在电脑游戏里出现的角色并不是演员扮演的。孩子可能会对电游角色产生强烈的情感：他们认为表演看起来"很假"，但是角色却不一样。

>>案例分析<<

10岁的凯蒂被父母带到我面前。凯蒂从没有过任何心理问题，但是在过去的3个月里，她无法入睡，需要别人不断向她确认家人是安全的。她还出现了一些焦虑行为，比如总是检查家里门窗，不断询问警报器是否开着。之前她上学完全没有问题，现在一想到要离开妈妈就眼泪汪汪的——这对于一个六年级学生来说太不寻常了。凯蒂曾经向父母解释过，她担心有人会闯进家门伤害她和家人，但是没有再多说别的。凯蒂的父母做了很大努力来让她放心，但是没有什么效果。他们越来越担心，为她的行为感到困惑。

疗程

通过和凯蒂交谈，我发现她有自己的智能手机，喜欢在上面玩游戏和各种应用程序。她玩的都是适合她年龄的东西，比如说《愤怒的小鸟》和《精灵宝可梦》。

最开始我并没有在玩游戏或者上网方面发掘太多，但是随着疗程继续，她向我坦承了更加明确的担忧、强迫行为以及睡眠问题，但她还是没有准备好主动坦承自己使用网络的情况。到了第六次约谈，她

限屏教育
UNPLUGGED PARENTING

终于告诉我，有一天她在玩游戏的时候手机上突然跳出另一个游戏的视窗，她以前听班上男孩聊到过这个游戏，和丧尸有关。她知道这是一个成人限制级别的游戏，但是她太好奇了，好奇心驱使她点击了链接。还没等她明白过来，便不由自主地玩起了这款游戏的免费试用版。在游戏中，丧尸不停地追杀角色。凯蒂告诉我，游戏画面高度清晰，而且非常真实：在游戏中，她打开门，丧尸从天上掉了下来。从她的描述来看，她只是玩了几分钟，但已经被彻底吓坏了。她的肾上腺素水平突然蹿高，心怦怦直跳。她开始幻想丧尸要来抓住她和家人，并且无法从脑子里抹去那个尸体从天而降的画面。每次睡觉的时候，她都会忍不住地回忆。凯蒂觉得自己玩了成人限制级别的游戏，一旦被父母知道就会有麻烦，于是从不敢告诉任何人，她想要自己来处理这段痛苦经历。

干预

不幸的是，凯蒂的担忧在儿童中很常见。游戏总是设计得尽量血腥，这不会影响到成年人，因为他们知道丧尸是假的。但是对于凯蒂来说，几分钟的游戏已经打破了她关于幻想与现实的界限，令她再也无法相信世界是安全的。儿童们发育中的稚嫩大脑太容易受到网络影响了。

首先，要帮助凯蒂理解她为什么会觉得这般恐慌焦虑，为此我们谈到幻想和现实之间的界限。潜伏期儿童的想象力非常丰富，会相信牙仙女和圣诞老人，还有像《哈利·波特》这样的魔幻故事。即使在

CHAPTER 9　第九章　过多屏幕时间和暴力的关系

潜伏期后段,孩子们还是难以区别真假。因此,必须让凯蒂明白这个游戏不是真的。我们聊到游戏是怎样设计的等内容,我向她解释,她已经接触到超出自己年龄的东西了。

我还帮助凯蒂向父母坦承一切,并且和他们一起强化了对凯蒂手机的安全限制。开始,凯蒂的父母想要没收她的手机,禁止她上网。我向他们解释,这并不能真正解决问题,也不能教给她任何技能来处理眼下的问题。相反还可能令她以后上网的时候更加脆弱。

结果

经过治疗,凯蒂了解到游戏并非现实,重建了心理弹性。她开始确认自己和家人是安全的,焦虑症状也就慢慢消失了。一次小小的意外接触居然会导致如此严重的问题,这不得不令人警醒。

 **危险信号**

●孩子每天都会反复回忆游戏中的暴力画面。

●孩子入睡困难,容易惊醒。

●他们把自己当作游戏中的角色来和他人互动。

●他们上网的时候表现得神秘兮兮,不想让你看到他们在做些什么。

●他们的攻击性突然增强——出现以前没有的诸多行为,比如打架、喊叫、打人、愤怒和情绪爆发。

●他们总是"短路",很容易发脾气。

●最近他们和兄弟姐妹之间摩擦不断。

● 他们的同理心降低，不再关心别人的感受。

 **解决办法**

● 严格遵守游戏的年龄限制。

● 检查孩子究竟在网上接触到了什么。他们的兄长或者朋友的兄长在玩高限制级别的游戏时，有没有可能让孩子看到甚至参与了，而你却一直不知情？

● 明确规定，真实生活中不可以做出游戏里出现的行为。

● 和孩子公开讨论游戏内容。明确告诉孩子，他们可以和父母谈论任何事情。如果他们在网上看到了什么让他们感觉不安或者痛苦的内容，一定要及时告诉父母。

第十章

让屏幕时间不再成为战场

适当的限制能够有效地管理孩子的屏幕时间。
不管你采用哪一种策略,限制或监管(或不监管),你必须始终保持一致。这是首要的育儿规则。

CHAPTER

10

CHAPTER 10 第十章 让屏幕时间不再成为战场

安全限制——
如何商定屏幕时间，屏幕时间可以成为惩罚或者奖励吗

大部分潜伏期孩子都钟爱规则。他们从争取独立的幼童（"我自己来"）长大，开始上学，开始理解社会分层的重要性，并且服从规则。在这个年龄段，孩子们发展出强烈的道德感。对于他们来说，道德就是正确地做事情，且尽可能地服从规则。那么，他们对规则的钟爱为什么不能延伸到屏幕时间呢？

我在临床工作中接触的家庭里，屏幕时间是引发家庭争执最多、最突出的问题。为了让孩子停止使用电子设备，家长们和孩子之间发生了一次又一次的"战争"。家长们向我描述，他们的孩子平时表现良好，可是每次被要求关闭屏幕的时候，他们就会崩溃发脾气，攻击家长，甚至踢坏电视机。一位母亲告诉我，她8岁的儿子想要继续使用平板电脑的愿望是如此强烈，每天晚上她都不得不和孩子经过一番搏斗才能把电脑抢过来。每四位家长就有一个说他们在限制孩子屏幕时间的问题上内心非常挣扎。他们承认，和让孩子做家庭作业、上床睡觉或者保持健康饮食比起来，让孩子关掉屏幕设备要难得多。

潜伏期的特点是热爱规则，不过他们也有另外一面。这个年纪的孩

限屏教育
UNPLUGGED PARENTING

子想要按照自己的安排来做事情的愿望非常强烈,和他们年幼时没有差别。如果他们不能如愿,就会大为光火。

在这本书里,我多次提及要给孩子制定屏幕时间的日程表。除此之外,家长还可以做些什么来监控屏幕时间——并且避免日复一日的争执呢?

限制

可以限制孩子使用屏幕设备的时间长度,可以限制他们接触的内容,也可以两者同时限制。

内容限制

对于一个潜伏期孩子来说,有必要限制他们接触不合宜内容。你可以这样做:

- 启用过滤软件,大部分宽带都附送此软件。
- 使用网站的儿童安全模式,比如,油管的儿童应用版本。
- 使用儿童友好的网络浏览器,比如谷歌的家庭连接应用。
- 给智能手机和电子阅读器增设上网限制。
- 在电脑上开启家庭安全设置。

时间限制

- 一些游戏机有内置定时装置,到时间就会自动关闭。
- 无线网络限制:大部分网络供应商都会允许客户为联网的设备设置独立的时间限制。可以设定不同设备联网的时间和时长。

CHAPTER 10　第十章　让屏幕时间不再成为战场

● 一些家庭设有"充电站"（最好在楼下）。一到晚上，所有的家庭成员都必须把屏幕设备放在那里充电过夜，这样可以避免孩子为了在卧室使用屏幕设备而和家长产生争端。为了公平起见，家长也必须遵守这条规则。

● 我见过一个家庭拥有两个无线网路由器——一个给孩子，一个给家长。孩子的路由器每天晚上 6:30 准时关闭。孩子知道无法避免，所以从来没有为了这个争吵过。

● 还有一些应用程序帮助家长对屏幕使用进行限制监管和控时，比如定时锁（Time Lock）、屏幕时间（Screen Time）、屏幕限制（Screen Limit）以及双方契约（Our Pact）等。

● 在屏幕设备或者闹钟上定下时间，不过这并不能关闭屏幕设备。家长最好提前 5 分钟或者 10 分钟提醒孩子。

不要单纯依赖限制

很多家长对孩子的屏幕时间进行限制，但是如果你完全依赖这种限制，是否可以表明你是在逃避自己的责任呢？作为家长，你才是最重要的调节器。你可以通过应用程序、定时器和其他种种限制来维护自己的权威，总之，只有你才能真正掌控局面。

父母需要一个并驾齐驱的策略。技术手段往往会失效，孩子有时会解开密码。即使在家里有限制，他们还可以去公共场所使用无线网络，或者借用朋友的无过滤设备，而且游戏和应用程序也往往存在家长不知情的漏洞。我最近和一个 8 岁男孩的家长聊天，这个男孩喜欢玩流行的网游。这是一个第一人称射击游戏，虽然游戏级别为 12，不过暴力并不

限屏教育
UNPLUGGED PARENTING

那么血腥，而且画面比较卡通化，他的妈妈看过以后觉得这个游戏孩子可以玩。孩子平时戴着耳机在 Xbox 游戏机上玩，很安静，不会影响到别人。然而有一天，他不小心插错了耳机孔，声音变成了外放。他的妈妈在楼上都听到了楼下游戏机里传出来的成年人喊叫咒骂的声音。她去询问儿子，他解释说虽然游戏有很多限制，但在线打电游的时候，会自动弹出群聊功能，他不知道该如何关闭这个功能。他的妈妈惊骇至极，她根本没想到过去的几个月里，自己的儿子竟然一直在接触这样的粗口，而她自己却毫不知情。

家长需要和孩子沟通，告诉他们如何识别那些不适合自己的内容，并且商讨在网上遇到令他们感觉烦恼不安的事情时应该如何应对。我们可以找到很多技术产品和软件来阻止孩子上网接触到不好的东西，但我认为，教孩子安全使用网络最好的办法就是交流沟通。

伦敦政治经济学院的媒体政策项目发现，一些人喜欢采用时间限制或者用技术过滤器和软件来监控限制，而另一些人则更愿意采用"授权"或"主动"策略，包括和孩子一起上网（共用），和孩子谈论上网经历等。据这个项目报道，同时使用两种策略的家长，一方面树立正面的数字行为模范，一方面协助孩子设定边界，更能应付数字媒体的挑战，同时令孩子从中受益。研究同时发现，单纯限制可以在短期内避免风险，但长期来说亦会限制孩子在数字领域的种种机会。最好的办法是帮助孩子建设心理弹性。

分享屏幕时间

尝试去理解孩子的屏幕时间可以减少甚至终止"战争"。对他们使

CHAPTER 10　第十章　让屏幕时间不再成为战场

用设备的情况主动表示出兴趣，告诉孩子你了解上网对于他们来说很重要。千万不要因为自己不懂就放弃。花些时间去了解他们平时玩的应用程序和游戏——最好自己也玩一玩。如果你担心孩子在《几何冲刺》或者《我的世界》这样的游戏上花费了太多时间，让他们停下来变得困难，那么你可以尝试让孩子教你怎么玩。

和他们互动，向他们"请教"各种游戏问题——他们为什么喜欢这款游戏？下一个级别会怎么样？与其让他们盲目地玩游戏，不如让他们学着思考自己究竟在玩些什么，以及为什么要玩。

交流是关键。如果学着倾听，并且对他们的屏幕时间感兴趣，那么你就是在顺着他们的兴趣，和孩子建设一种正面互动的关系——这对于渗透纪律和规则来说非常关键。你希望自己处在这样一种位置上，你的孩子可以毫无顾忌地向你坦承他们在网上经历的不愉快和烦恼，而不用担心你会取消他们的屏幕时间。学习和孩子互动，而不要仅仅充当"警察"。

不要把屏幕时间变成圣杯

我相信，如果你把屏幕时间限制得过分严厉，它反而会更加吸引潜伏期儿童，他们会更加沉溺其中。不少家长告诉我，他们在工作日期间不允许孩子使用屏幕，但是到了周末孩子们就可以随便使用。如果这个办法在你家里实施有效，那就太好了。然而，在和这些家长谈话的过程中，我发现这个办法很容易导致孩子用"全或无"的策略来应对。家长发现孩子们会在周六凌晨六点就爬起来使用屏幕，而且一整个周末都机不离手。我想，家长大概不希望让孩子形成这种绝食／暴食的模式吧。我们

限屏教育
UNPLUGGED PARENTING

希望教孩子适度使用，自我管理，并且产生自我掌控感。如果他们在工作日晚上可以有 15～30 分钟屏幕时间，屏幕时间或许反而没有什么大不了的了。

我尝试着把屏幕时间当作日常生活的一部分。在我家里，并没有"屏幕时间"这个说法——我们有游戏时间或者自由时间。我 8 岁的儿子知道，只要完成家庭作业，晚饭前的时间全都是他自己的，他可以随便做些什么——这段时间里可以玩乐高，去外面，看电视或者使用平板电脑，全由他自己决定。有时候他会使用屏幕，有时候不会。这给了他管理自己的时间的机会，同时又有一个合理清晰的框架。我会监督他在这段时间里做些什么，如果他每天都在玩电脑，那么我就会跟他谈一谈，建议他去做些别的事情。让他停止使用电子设备从来都不会成为"战争"，因为他了解家里的规则。

屏幕时间应当成为奖励还是惩罚

2016 年流行一种所谓的"育儿黑客"。家长在一些木制冰棒棍的一端写上家务事，比如"清空洗碗机"，然后在旁边写上这份工作可以赚取多少屏幕时间。不同家务事对应不同长度的屏幕时间：工作越难，赚取的时间越长。一些家长对这个办法极有信心。通过屏幕时间的奖励，孩子们的确开始做家务事，而且表现良好。对 1000 名 18 岁以下孩子的家长进行调查的结果发现，59% 的家长会把没收屏幕设备作为对坏行为的惩罚，同时有 51% 的家长说屏幕时间不应当成为好行为的奖励。有的家长会列出清单，孩子只有在完成清单上所有项目之后才能使用屏幕。清单上的项目包括家庭作业、画一张画、写一个故事或者读一本书等等。

CHAPTER 10 第十章 让屏幕时间不再成为战场

一些家长喜欢让孩子赚取屏幕时间这个主意，他们说这样可以给孩子一个清晰的界限，同时也让家长掌握了控制权。很多时候，如果孩子没有使用完当天赚取的屏幕时间，他们可以留着下次用。在这个问题上，专家和家长的观点很不一样。有人批评说，把屏幕时间当作奖励或激励会导致孩子把这当作所有行为的目标。

我认为，每个家长应该确切地知道并决定如何操作于自己的家庭最有利。我的儿子不会赚取屏幕时间，但是我会说很多的"当……然后……"。当你完成家庭作业、读20分钟书，然后你就可以使用屏幕了。如果你觉得让孩子赚取屏幕时间适用于你的家庭，我对此没有任何意见。

另一个经常引发不同看法的问题是制裁或惩罚。在行为专业用语里，只有两条关键原则：对你所期待的行为给予关注来进行奖励；对你不希望看到的行为进行忽视或者制裁。那么屏幕时间，或者说失去屏幕时间，是否可以当作对不良行为的惩罚呢？

同样地，这也必须由家长根据家庭的具体情况自己做决定。如果你的孩子总是行为不当，给你惹麻烦，孩子就要为自己的不良行为承担失去屏幕时间的后果。这完全可以理解。最重要的一点是要合理，且保持一致。我强烈反对既把屏幕时间当作奖励，又把它当作惩罚。只能是其中之一。在行为系统里，一个人不应当失去自己已经赚取的奖励。如果孩子经过努力获得了你的奖励，但又因为之后的行为而丧失奖励，那么孩子就会失去动力。这会令事态失控，变得更加难以管理。你的奖励是孩子过去努力的结果，没有人能够拿走它们，也没有任何事能够否定孩子已经为之付出的努力。

不管采用哪一种规则，很重要的一点是父母双方要保持一致。

限屏教育
UNPLUGGED PARENTING

保持一致

这是首要的育儿规则：不管你采用哪一种策略，限制或监管（或不监管），你必须始终保持一致。间歇性增强——有时候说可以，有时候说不可以——是家长们最常犯的错误，这绝对会导致那些你不希望的行为更加频繁地出现。如果你一贯拒绝孩子要求5分钟、10分钟或者更长的屏幕时间，孩子们就不会再向你提出此类要求，因为他们知道，不管怎样你都不会点头。如果你有时候同意，有时候拒绝，他们就会不停地要求更多。他们曾经成功过，便会认为自己最终能够把你磨得让步。

如果你的孩子总是拒不服从，多数原因是育儿缺少一致性造成的。儿童会按照自己曾经被允许的状态来表现自己的行为。所以，保持一致性极为关键。

＞＞案例分析＜＜

8岁的路易斯在最近几个月里出现了很大的行为改变，开始和老师顶嘴，拒不服从规则，破坏学校教学秩序。学校请我过去帮忙。

疗程

作为疗程的一部分，我约见了他的妈妈，这才了解到她的家里出现了不少麻烦。我去家访的时候，她告诉我路易斯最近很容易发火，尤其是在要求他关闭电脑的时候。大部分的时间里他总惦记着自己的平板电脑。他的父母发现，对他说"不"变得越来越困难，会令他出现攻击性行为。他会威胁父母自残，或伤害妹妹，砸烂东西。爸爸因

CHAPTER 10　第十章　让屏幕时间不再成为战场

工作很少在家，很多时候妈妈只能独自面对和处理他的行为。她总是担心孩子会真的做出什么伤害自己或他人的事情。最开始，她和丈夫尝试着限制路易斯使用平板电脑。但是有的时候孩子太累了睡不着觉，妈妈就会让他在床上玩电脑，让他更累一点就能睡着了。虽然她一定程度上知道在睡觉时间玩电脑是个糟糕的主意，但是为了能让路易斯安安静静地待在卧室里，让自己多一点时间干别的，她放弃了坚持。慢慢地，他开始要得更多。上学前，放学后，他总是想要玩电脑。妈妈意识到事情有一些失控了，开始更多地拒绝孩子的要求。但是路易斯的反应逐渐升级，他攻击妹妹，威胁要砸碎电脑和妈妈的手机，还把自己的平板电脑扔到窗外。妈妈感到十分羞愧，她觉得一定是自己的家庭教育出了问题，才导致孩子这样攻击自己。她已经陷入了这样一种模式：为了让孩子停止攻击，她会一再忍让。有时候她会更加严格，有时候又会让步。她的反应极其不一致，这导致她无法维护自己在这个问题上的权威——现在孩子的行为已经扩展到学校了。

干预

我的干预主要针对路易斯的妈妈。我们从最基本的做起，帮助她设定一些界限并且保持不变。我必须让她认识到，坚定不移地限制路易斯使用电脑没有错。现在她可以不再受孩子行为的影响，不管孩子闹到什么程度。我向她承诺，在她丈夫离家工作期间，她可以向我或者她的家人寻求支持（之前她因为羞愧一直向家人隐瞒这些问题）。她最开始做的一些改变是，规定周末时孩子什么时间可以或不可以使

限屏教育
UNPLUGGED PARENTING

用电脑。她请自己的父亲过来,这样她就可以对孩子说:"姥爷就要来了。他在这儿的时候,你不能玩电脑。"姥爷来了以后就会尽力分散路易斯的注意力,帮助他执行妈妈定下的规矩。他们告诉路易斯,如果他不听话,就会关闭无线网络——有必要的话,甚至拉下电闸。姥爷的大力支持让妈妈感觉自己后面站着一个权威人物,底气更足了。很快,路易斯发现姥爷和妈妈之间的协作,意识到这次妈妈是认真的、坚定的。他被告知,如果砸坏了自己的电脑,那他就不再会有电脑了——电视机也一样。如果他伤害妹妹,他就会受到严厉惩罚,他喜欢的那些东西都会被没收。在这里,我们把失去电脑当作一种惩罚,因为这是他最着迷的东西。如果他出现不良行为,妈妈就会减少他上网的时间。我们还制订了一个屏幕时间计划,不管发生什么,妈妈都极为严格地按照这个计划行事。最重要的原则是坚持始终如一,同时,她还和学校一起来执行这些边界和限制。

结果

路易斯慢慢了解到妈妈对他使用平板电脑将会保持一贯的态度,而且即使自己威胁攻击也于事无补。他依旧会有怒火爆发的时候,但是一想到妈妈绝不会改变,他就会平静下来,无可奈何地接受。这总比起完全失去屏幕时间要好一点。妈妈也会和他一起消磨一些非屏幕时间,比如一起到公园骑自行车。她还在每天睡前给孩子讲故事,帮助他入睡。妈妈按照时间表严格坚持,最终孩子使用电脑的情况降到了一个可以控制的水平。一致性的信息也在学校得到回应。随着路易

CHAPTER 10　第十章 让屏幕时间不再成为战场

斯在家里的行为逐渐改善,家里变得更加平静,他在学校的行为也得到了改善。

 **危险信号**

- 当你要求孩子放下屏幕设备时,孩子会出现暴力或者攻击性行为。
- 让孩子停止使用屏幕设备变成了日常争执。
- 孩子在你不知情的时候使用屏幕设备,或者在屏幕时间躲躲藏藏,不愿意被人发现。

 解决办法

- 让孩子在他喜欢的活动开始之前使用屏幕。与其让孩子放下电脑去做家务活或者家庭作业,不如把乐高拿出来,邀请孩子玩桌游,或者一起读书。
- 在他们开始屏幕时间之前,和他们谈一谈之后要做的事情,让他们有一个心理准备。
- 在需要关机的时候,你一定要坚持不能退让。如果你恰好在工作,使用脸书或者推特,你就更有可能会对孩子"再玩 5 分钟"的要求做出让步。而你一旦让步,孩子以后的要求就有可能是增加到 10 分钟,甚至更多。确保自己坚守边界,提醒他们到时候必须关机。
- 如果你使用了定时器,最好在时间结束之前给他们一个 5 分钟预告。
- 停止自己的屏幕时间。如果他们已经关机,那么你也最好关机。
- 即使孩子因为屏幕时间减少而感到难过,你也一定要坚持清晰严

限屏教育
UNPLUGGED PARENTING

格的边界。

● 保持一致，掌控局面，保有控制权——你的孩子很快就会认识到你不会改变想法。

第十一章
好消息——屏幕时间的益处

屏幕时间的质量更加重要。父母有责任想办法让孩子在屏幕时间上少一点被动消费，多一点建设性的创造、学习和链接。

CHAPTER

11

CHAPTER 11 第十一章 好消息——屏幕时间的益处

并非所有屏幕时间都相同，差别在于质量而非数量

毫无疑问，技术完全改变了我们的生活，让我们的生活变得更加便捷。我十分赞同一个观点：我们必须直面技术，同时避免其负面效应。我们需要找到一种健康平衡的方式，把技术整合到我们的家庭生活中。

妖魔化屏幕时间，把它当作敌人对待，这样做完全没有道理可言，也不会帮到任何人。了解风险并对之掌握控制是非常重要的，作为家长，我们的职责主要是帮助孩子养成健康的习惯，为未来做好准备。我们面对技术的态度不应仅仅是保护和限制，而需思考如何才能有建设性地使用技术，并利用技术来帮助家庭团聚，促进链接而非孤立。

屏幕时间可以给人们带来大量的愉悦和欢乐，最值得肯定的一点是，孩子们只需要动动指头便可以获得全世界的信息，这有助于他们自主探索，满足好奇心和丰富他们的学习。我的两个孩子都会利用网络研究他们感兴趣的东西。等他们下网告诉我他们的发现的时候，内容常常让我感到惊讶。

我们分享同一个冥想应用，这样便可以了解对方的进展。我们还会利用网络为家庭电影之夜找到合适的影片。数字设备让我可以随时和女儿交流，知道她们现在在哪里。在弟弟和照看他的人在一起的时候，她

限屏教育
UNPLUGGED PARENTING

们也常常和他视频,跟他打招呼。

技术也改变了我的治疗方式。我可以利用网上的诸多资源来帮助孩子们——通过在网上论坛和其他年轻人交谈,倾听TED(知名国际会议)演讲,观看油管视频,登录各种网站,他们知道自己不再孤单。我还会给抑郁中的孩子推荐一个小应用,在上面,他们可以给自己的情绪打分,每天5~6次。这样可以直观地看到他们的情绪波动。然后我们会一起回顾他们的一天,看看是什么改变了他们的情绪。这样令他们更有掌控感。假如没有网络,我肯定不会有现在这样的工作效率。

并非所有屏幕时间都一样

当我们说起屏幕时间的时候,我们并不仅仅讨论数量,质量更加重要。孩子们可以用自己的数字设备和爷爷奶奶视频两个小时,可以通过谷歌查找信息来完成学校任务,可以制作小电影,也可以看2个小时影片。这些活动是很不一样的。父母平时要注意观察,了解自己的孩子究竟利用屏幕在做些什么。任何父母都希望自己的孩子少一点被动消费数字内容,多一点建设性的创造、学习和链接。

被动的屏幕时间包括以下活动:

- 看电视
- 查看社交媒体
- 观看网站视频
- 浏览网页

在有效的监管下,当然可以给被动屏幕时间留一点空间。每次不要

CHAPTER 11 第十一章 好消息——屏幕时间的益处

太久，这会给孩子带来欢乐和轻松愉悦。

主动／创造性屏幕时间包括：
- 编程
- 建网站或者写博客
- 制作小电影、动画片或小视频
- 照相并编辑
- 学习新技能
- 制作数字音乐
- 打电子游戏
- 查找信息，进行研究

教室里的技术

利用屏幕帮助教学曾引发不小的争议。然而，在我去过的学校里，屏幕技术被使用得越来越多了。专家们一致认为，在教育环境中数字设备有助于学生学习。数字学习是互动可视的，学生可以得到快速反馈，马上就能知道自己的回答是否正确。潜伏期的孩子比较特别，只有在老师演示讲解之后才更容易接收信息、理解概念。互动学习并不能取缔传统的学习方式，但可以成为有效的辅助手段。

来自美国的两项研究分别追踪了两群年龄分别为 13 岁和 10 岁的孩子，结果发现，在教室和家里使用平板电脑的确有助于学习。35% 的 13 岁孩子说平板电脑令他们对老师的课程活动更加感兴趣，他们的学业表

限屏教育
UNPLUGGED PARENTING

现也超出了老师的期待。

数字设备还可以帮助阅读。英国读写能力信托组织最近的研究发现,屏幕技术给那些贫困孩子提供了阅读途径。同时使用书和触摸屏幕来读故事,和单纯用书比起来,孩子们变得更有兴趣。对于年长的孩子来说,兴趣(比方说阅读)是成功的主要预测因子。我们是否可以认为这也是年幼孩子从屏幕技术获益的一项指标呢?

另一项研究发现,在教室使用平板电脑进行读写活动可以增进孩子的动力和专注力。电脑给孩子们提供了交流、合作以及独立学习的机会,可以帮助孩子更好地学习。研究者还发现平时吵闹的孩子变得更加安静了,因为他们可以更好地集中注意力。而安静的孩子则开始使用更多的语言。

我的工作包括日常教室观察,我最直观的印象就是教室里屏幕技术使用的增加。总体来说,这种增加带来了正面效应。我看到技术支持的确令孩子学习的热情和参与度都得到了提升,有额外需求的孩子更是通过屏幕技术获得更大益处。

打电子游戏的益处

研究已经发现了打电子游戏的几大好处:打电子游戏的人更擅长进行视觉信息处理,并且能够和周围环境更加协调。一项研究发现,动作类电游玩家的专注技能更强,比非玩家的反应更快更精准。还有更多实验发现,快节奏动作类电游可以增加游戏者的视觉空间能力。这意味着,他们擅长处理涉及大量形状图案的工作,在处理图片之间的关系方面具有优势。游戏还让孩子在游乐场时能和同龄人分享共同话题,促进孩子

CHAPTER 11 第十一章 好消息——屏幕时间的益处

在真实生活中的社交互动，增进友谊。研究还发现动作类电游可以促进学业表现，减少教室里的旷课、迟到以及其他不良行为。

研究者还研究了打电子游戏的辅助治疗效果。举个例子，玩电游可以帮助那些进行化疗的患儿分散注意力，从而更放松，还可以用来帮助有额外需求的孩子，比如学习障碍、多动症和自闭症。英国国家荣誉协会现在有一个沉浸 VR 项目帮助自闭症儿童克服恐惧。孩子走进一个环绕视听图像的房间，这个房间可以用来模拟他们在真实世界中难以应对的环境，比如坐拥挤的公交车、在商店和导购聊天。他们带着平板电脑，在心理学家的支持下，逐一经历那些场合。研究显示，在 9 个使用这种技术的自闭症患儿中，有 8 个克服了他们曾经的恐惧，效果长达一年之久。

积极使用屏幕的途径

●利用网络协助完成研究工作，上网查找和世界有关的问题的答案。

●学习编程——使用 Scratch Jr（图形化编程应用）或者 Raspberry Pi（一款仅信用卡大小的迷你电脑）这样的应用或设备来创造自己的电脑游戏。

●使用教育应用程序来练习拼写，制作时间表。

●建博客，记录自己感兴趣的东西或者写网络日记。

●使用设备来摄影，进行图像编辑或制作小电影。

●通过视频网站学习新技能或创建自己的频道（在父母允许下，家长需要进行监控，并且拥有账号的管理权），分享自己感兴趣的东西。

限屏教育
UNPLUGGED PARENTING

>>案例分析<<

　　8岁的爱丽丝曾经受到焦虑和社交障碍的折磨。现在她已经有了很大的改善，也有了稳定的朋友圈，很快，就要和家人出国生活一年。她的父母担心她是否能够适应国外的生活，也担心一年后回到英国时，她能否重新融入现实生活。在获得学校允许后，我鼓励他们在国外的一年里保持和老同学的联系。同学们会和她视频，发送电子邮件和照片。她也会更新自己的新生活。屏幕时间有效地帮助她维护了自己的社交关系。一年后她返回学校，很快就重新融入了班级。她感觉自己始终是班级的一部分，她和朋友间的友谊也得到了很好的维护。

　　11岁的爱玛患有精神疾病，上学令她紧张焦虑。即使有一对一的关注，她也还是觉得应付不了上学期间的游乐场时间和午餐时间。我们让她参加了一个家庭网络学习项目，这意味着每天的上学时间里，她都会通过电脑登录一个虚拟学习课堂。她可以得到老师的帮助，也可以学习适合的课程。即使不到学校去，她也能跟上学业。在爱玛参加虚拟学习项目的那个学期里，我们同时也帮助她慢慢地重新整合，最终有能力回到真正的学校。

第十二章

为什么家长也需要限屏

你可以要求孩子关闭电脑和你沟通，但是，如果你自己整天黏在屏幕设备上，孩子怎么可能和你沟通呢？遗憾的是，让家庭和家长有所改变，却是一件非常困难的事情。

CHAPTER

12

CHAPTER 12　第十二章　为什么家长也需要限屏

为什么家长需要身体力行
如何减少你的屏幕时间

作为一名忙碌的职场妈妈，我经常同时做好几件事情。有一天晚上，我一边做晚饭，一边查电子邮件。这时候，我的女儿过来跟我说话。

"妈妈，可不可以请你放下手机听我说话？"她问我。

事实是，我的确在听她说话。但是女儿却认为，我并没有在听她说话。她感觉我并没有给她足够的关注——她是对的。因为我同时做着好几件事情，我的大脑有一部分在别的地方，我甚至和她没有眼神接触。她当然会觉得我没有在听她说话了。不管我是在做什么，都比不上给女儿关注更为重要。女儿的提醒让我清楚一点，我们不但需要管理孩子和技术之间的关系，还需要管理自己。

很多家长因为孩子的屏幕时间太长，忧心忡忡地来向我寻求帮助。可是每次在候诊室看到他们时，他们总是黏在手机或者平板电脑上，这其中的讽刺意味越来越让我印象深刻。甚至于在咨询过程中，手机一响，这些家长们就会不由自主地拿起手机回复电话。我不得不经常请家长们把手机收起来，对家长请求的次数甚至超过了对诊室里的儿童和年轻人！只要到餐馆或者咖啡馆去转转，你就会看到很多家庭并没有相互交谈，

限屏教育
UNPLUGGED PARENTING

而是埋头各看各的手机。这让我非常担忧。

甚至在室内游乐场或者公园这样陪伴孩子消磨时光的场所,大部分家长还是埋头看手机。在我刚开始工作的时候,手机并不常见。那时候的家庭聚会里,大家都在互相交流,建立更多联系。我并不是说,那时候的家庭都生活在没有屏幕设备的乌托邦里,每个人关系融洽,幸福美满,就好像电影《幸福满人间》(*Mary Poppins*)里的场景那样。不过那时候绝对和现在很不一样,现在我看到家人聚在一起——却相互隔离,每一个家庭成员都埋头盯着自己的屏幕,不看自己的家人,这种转变实在令人震惊。

英国通信管理局最近的研究发现,人们平均每六分半钟检查一次自己的手机,在每天清醒的16个小时里,人们查看手机的次数达到了惊人的150次。根据英国通信管理局的说法,我们上网的时间已经超过了睡眠的时间。英国成年人平均每天在媒体设备上花费8小时41分钟,而平均睡眠时间只有8小时21分钟。

英国人每天花在社交媒体上的时间大概是6200万个小时——民意调查显示,英国人每天花费大约3400万个小时使用脸书,2800万个小时使用推特。英国脸书的3300万用户中,大概有三分之一(30%)每天至少在脸书上停留一个小时,13%达到了两个小时以上。英国推特的2600万用户中,约有三分之一(31%)在上面花费超过一个小时的时间,14%(超过360万用户)超过两个小时。看到这些数据,我们也就不会感到奇怪,为什么有70%的孩子觉得父母在移动手机、平板电脑或者其他数字设备上花费的时间太多了。

CHAPTER 12 第十二章 为什么家长也需要限屏

孩子通过模仿父母来学习

必须清楚，我们对待屏幕时间的方式直接影响到孩子的屏幕习惯。如果我们表现得过分依赖屏幕，他们就会养成同样的习惯，最终面临同样的困境。潜伏期孩子的行为很大部分来自模仿和学习家长的行为，在他们这个年纪，主要的模仿对象还是自己的家庭成员。虽然外界，比如学校的老师开始影响孩子，但是孩子们更多的还是默认家长的行为以及家里发生的事情。潜伏期孩子依旧相信所有的家庭都和自己的一样，他们脑子中的"正常"就是他们在家中的所感所为。年幼的潜伏期儿童去朋友家玩的时候，往往会因为发现朋友家和自己家不一样而大为吃惊。对于身边社会的差异，他们多会视而不见。他们对世界的想法和评价直接源自他们看到和经历过的直接环境。到了青少年以后，情况便大有不同。这个阶段的孩子更容易受到同龄人的影响。青少年时期是挑战父母、创建自己标准的阶段。青少年要寻求差异，而不是顺从。他们想要从家庭中站起来（或者走出去）。潜伏期儿童则对差异不那么感兴趣。他们喜欢确定、遵守和融入。所以他们需要父母站在身边，关注他们，影响他们。他们还没有达到青少年的认知结构和成熟度，还不能很好地理解世界，发展自己的想法、价值观和行为。

心理学家阿尔波特·班杜拉在1961年进行了一系列研究，探讨孩子的行为是否通过模仿学习而获得。实验对象为36名男孩和36名女孩，年纪跨度为3～6岁。研究者把孩子带到房间里。屋子里有很多玩具，还有一个巨大的充气小丑（叫作不倒翁娃娃）。推动这个小丑，它会很快反弹回来。一组孩子观察到一个成年人粗暴地对待不倒翁娃娃，轮到孩子们和不倒翁玩的时候，这些孩子也表现出攻击性。他们会脚踢手打，还把它扔到空中，就好像那个成年人做的一样。他们甚至还自创新法来

限屏教育
UNPLUGGED PARENTING

虐待这个娃娃，会向不倒翁扔飞镖，或者用玩具枪瞄准它。另一组孩子看到的成年人则没有和不倒翁娃娃互动，这一组孩子对娃娃的攻击性就小得多。通过这些实验，班杜拉创立了社会学习理论。这个理论告诉我们，孩子通过观察来学习社会行为——观察其他人的行为。在那个年代，这个理论具有革命性的意义，让我们了解到一个人的行为很大程度上是由其所在环境决定的。在班杜拉和他的不倒翁娃娃之后，心理学又前进了许多。然而他的社会学习理论至今依旧中肯适用——尤其是在屏幕时间这个问题上。孩子们通过观察、模仿和树立榜样来学习，而在潜伏期，这个榜样往往就是他们的父母。

为了孩子，活在当下

技术在很多方面改进了我们的生活，但同时也模糊了家庭生活和工作之间的界限。电子邮件、Skype（一款即时通信软件）和智能手机意味着，不管何时何地，我们随时可能被召唤，从此没有真正意义上的"下班"。现代生活往往多任务化，很少有机会能够全神贯注在一件事情上。我们的生活节奏非常快，随时都处于通电状态，总是停不下来。我们运用技术把生活变得更快更有效率，但同时也意味着我们没有树立起好的榜样，帮助孩子体验关系和链接的重要性。我们没有教他们慢下来思考和解决问题，然后我们却疑惑孩子们为什么总是挂在网上。作为家长的我们已经把慢节奏抛置脑后，总是同时处理多项任务，快了又快——孩子观察到这些，就会把这当作常态。每次家长们（包括我自己）查看手机、电脑或者平板时，都会向他们辩解自己上网的行为"是为了工作"，或者总是把"给我五分钟"和"等一下"挂在嘴边。不幸的是，潜伏期

CHAPTER 12　第十二章　为什么家长也需要限屏

的孩子并不真正理解这些言语,他们看到的是,父母在和屏幕互动,而不是自己。

一所小学的主导老师最近贴了一个告示,请家长们在放学接孩子的时候,"放下手机,用微笑迎接孩子"。很多孩子已经习惯于看到父母埋头玩手机,他们得到的信息是,父母的屏幕设备远比自己更加重要。智能手机几乎已经成为我们双手的延伸。这一代的潜伏期儿童出生在数字世界里,可能根本没有见过父母不用手机的样子。

潜伏期儿童需要一对一的交流。他们需要感受到自己是重要的,值得你全神贯注地关注。当他们和你分享学校或者朋友的重要信息的时候,需要你放下手机。他们需要眼神接触,需要你认真倾听。他们不希望看到你被短信或者推特信息分散注意力。最重要的是,他们需要你和他们在一起。

潜伏期儿童的情绪调节力无法和大孩子相比,他们还远不足以应对这个复杂世界。他们需要在潜伏期学习如何理解自己的情绪和感受——或者说自己的心理状态。有能力理解自己的心理状态,也有能力理解他人的心理状态,这在心理学上称为心理力(mentalisation)。这是一种极其重要的技能。孩子们需要发展出这种能力来学习如何应对和管理自己的情感,和他人产生链接并给予同理心。

在孩子发展心理力的过程中,父母的角色至关重要。家长可以帮助孩子理解他们的感受,把感受描述出来,并给感受一个名称。这样,孩子的心理力便得到了发展。我们肯定都见过焦虑的幼童因为受到过度刺激而失去控制,他们的家长可能会说:"我觉得你太累了,需要休息。"幼童固执地坚持自己不累,他们无法安静下来。家长注意到孩子焦虑的感受,给孩子做出解释,并且帮助他们处理。当家长说"你的行为让我

限屏教育
UNPLUGGED PARENTING

很生气"或者"你做了……，我为你感到骄傲"，都会帮助孩子发展心理力。但是，如果你的脑子里装满了别的东西，你就不可能帮助孩子注意到他自己或者别人的感受，也不可能给孩子提供一个内省空间——这就会导致大麻烦。

无法从父母那里得到心理力支持会对孩子产生什么样的负面效应呢？多年的研究告诉我们，遭遇情绪忽视的儿童在未来遇到情绪障碍和心理健康问题的概率会显著增高。而现代儿童正在遭遇这一切。父母没有给予他们足够的心理力支持——并不是由于身患疾病或者其他原因，仅仅是因为太过于专注屏幕设备。最后，不是父母远离孩子，就是孩子远离父母。

我把这样的家长叫作"低头族"。建设孩子的心理力需要家长经常和孩子沟通，聊聊他们每天过得怎么样，发生了些什么；需要家长帮助他们理顺事情，整理思路。对于小女孩来说，这尤其重要。她们需要非常多的帮助来理解朋友圈的那些麻烦事。如果你从不和孩子交谈，就会导致出现严重问题。

我常常对自己的孩子说，如果你们陷入麻烦，尽自己全力解决依旧无效，那么就应该来找我。我解决问题的途径和孩子不一样，如果我们把各自的资源综合在一起，就可以找到更好的出路。如果孩子觉得自己无法向父母寻求帮助，他们就不得不独自面对问题，很可能就会陷在其中出不来。总是隐瞒问题的孩子往往会陷入焦虑不安中。俗话说，有人分忧，问题减半。当我们还是孩子的时候，有人分忧尤其重要。但是孩子们看到父母总是低头看手机，他们就不敢打扰父母。一家人坐在一起看电视的时候，大家还可以边看边聊天。但是如果你独自使用电脑，别人会担心干扰你，就不大可能找你聊天了。

CHAPTER 12　第十二章　为什么家长也需要限屏

因为过分依赖技术，我们每天都在失去很多和孩子交流的机会。比如开车上路，几年前，这还是孩子和父母聊天的好机会。但是现在孩子们更多地坐在后面，两眼不离电脑、iPod 或者手机。如果没有平板电脑，有些两三岁幼童甚至会拒绝坐车，哪怕是 10 分钟车程。我们正在失去大量通过聊天帮助孩子认识世界的机会。家长每天一定要抽出一些时间进行这些重要的活动。孩子泡澡的时候，或者上床睡觉前，和他们聊聊天，哪怕只有 5 分钟或 10 分钟，也会让局面大为改观。

在 Start-Rite（童鞋品牌）"传递"活动的视频中，7～11 岁的孩子被询问他们对家长使用技术的看法，大部分孩子说他们的父母沉迷于技术，令他们感到孤独、焦虑以及被忽视。孩子们非常清楚明白地说了出来，我们的行为让他们非常不高兴——现代的屏幕设备正在妨碍我们的家庭教育。

言传身教

在屏幕时间里，家长们需要按照自己对孩子期待的那样，给孩子做出榜样。这意味着，屏幕时间计划或者时间表是给全家的，并非仅仅给孩子。如果你一边叫孩子关闭屏幕设备，一边自己又不断查看电子邮件，那你的话说了等于白说。你必须做给孩子看。如果你的手机铃声响了，不要跳起来抓手机，要对孩子说："我会让电话转到语音信箱的，因为我正在和你谈话。"这些行为给你的孩子一个信号：他们比屏幕更重要，而且你（和他们）更加重视面对面的交流和链接，拒绝成为技术的奴隶。如果我们希望孩子们拥有健康心态来面对屏幕时间，那么成年人自己必须先拥有这样的心态。

限屏教育
UNPLUGGED PARENTING

本书前几章里,我建议家长不要把屏幕设备留在孩子的卧室里。但是有多少家长不是把手机放在身旁入睡的呢?我们中有多少人一起床就去看手机呢?睡觉前的最后一件事情也是看手机呢?我知道有不少成年人半夜醒来就上网的。有太多成年人就是因为滥用手机而影响睡眠习惯,甚至导致失眠。

孩子的成长伴随着各种屏幕、电脑和智能手机,他们不知道没有脸书和油管的世界。家长虽然知道,但是自己都面临着过分沉迷于技术以及数字社交互动的问题。如果我们不能给孩子做出榜样,关闭屏幕,保持平静,和家人互动,那么我们怎么可能指望孩子这样呢?

我们知道,潜伏期是发展社交关系、学习怎样和他人互动保持关系的一个关键时期。但是有很多家庭并没有坐下来交谈的习惯,每个人都沉浸在自己的世界里,忙着玩弄自己的屏幕设备。网络世界改变了家庭,现在,人们比以往更加孤立,家庭成员几乎很少一起坐下来看电视了。家长有事的时候到处找孩子,孩子有事的时候到处找家长。人们常常以为只要和孩子同处一个屋檐下就是在陪伴孩子了,这其实是一种错觉。

我通过自己的家庭,以及出于工作原因而拜访过的家庭,看到了这一点。每次走进拜访的家庭,我要做的第一件事情就是把家人集中在一个房间里,这样我可以见到所有的家庭成员。通常就会有一个人给所有成员发短信,告诉他们下楼来见我。我们就在一个屋檐下——但是却相互隔离;我们在一起——却没有互动,大家分散各处。我的家里其实也差不多,吃完饭,收拾完毕,一眨眼,所有人都消失不见了。他们躲到不同的房间里做自己的事情(大部分时候都是与屏幕相关的,家长们应当意识到这一点)。我知道我们都要长时间工作,而且并非所有的家庭都有机会坐下来一起吃晚饭。如果家庭成员整日里难得聚在一个房间里,

CHAPTER 12 第十二章 为什么家长也需要限屏

那你的家庭时间就少得令人担忧了。如果你总是觉得自己很少和家人面对面谈话，那你真的应该要注意了。

家人相聚可以做些什么

我发现，现在的家庭需要一些帮助才知道和孩子一起可以做些什么——他们已经忘了怎样陪伴孩子了。家长常抱怨自己没有钱和孩子一起玩，但其实有很多活动是不花钱的。我的同事和我一起收集了二三十项免费或者非常便宜的亲子活动。

我总是建议家长，每天都要尽量和年幼的孩子一起，一对一地陪伴至少10分钟。这段时间应该由孩子主导——这意味着不需要准备游戏或者拼图。让孩子挑选玩具，你跟着玩就好了。家长可以对游戏内容进行解说。如果孩子选了恐龙，你可以这样说："哦，你找到恐龙了。它现在要去哪里呢？"然后让你的孩子来回答。这刚开始听起来有点假，但是和孩子一起玩，并且让孩子主导，其实蕴含着一股强大的力量。一直到8岁，这种陪玩都会很受孩子们欢迎。这种简单的陪伴对于孩子来说有着非同一般的意义。坚持每天都全身心投入地和孩子一起做些事情，这实在是太重要了——而且每个人都可以拿出10分钟来。如果你的孩子更大一点，那么你还可以和他们一起画画或者制作手工品。

其他家庭活动还包括各种桌游，比如扭扭乐或者大富翁。我觉得拼图也是很有趣的活动，你可以到慈善商店花几块钱买一个250块的拼图；你还可以利用家里已经有的东西来做一些工艺品和科学实验。需要灵感时，可以登录网站搜索，网上也有大量可以在家完成的科学实验和手工制作的主意。

限屏教育
UNPLUGGED PARENTING

　　土豆印画、画画和拼贴图制作听起来怎么样？你可以用玉米粉加上水做成黏土；制作纸飞机，然后比比看谁的飞机飞得更远；把厨房用剩下的纸筒和锡箔纸利用起来搞一次玻璃珠赛跑；玩多米诺骨牌。家长可以和孩子们一起做很多简单便宜又有趣的事情，亲子关系就在陪玩的过程中得到了加强。

　　别忘了新鲜空气和锻炼身体的益处哦。带孩子去池塘踩水、观鸟、修建洞穴、看云、散步或者观察各种颜色的野花。有很多可以免费散步的公园、池塘、河流和运河。（英国）国家信托基金网站列出来 50 件 12 岁以前孩子可以做的事情——你已经做了多少呢？

　　我们家每天都会外出散步。我们有一条狗，我总是要求所有人穿上外套，不管天气怎么样都出门走一走。即使有时有人不愿意，我们也会一起在森林里穿行 10 分钟。我儿子喜欢爬树，女儿喜欢摘花然后压制干花。所有的人都可以聊天。在外面散步的时候，你可以一边走一边和孩子聊天，不需要直接的视线接触。这种聊天方式，会让孩子，尤其是青少年感觉更加放松。

　　我的孩子可以证实我并不是什么高明的厨师，但是我总能很快地烤出一批巧克力布朗尼糕点，或者凭记忆做一些杯子蛋糕。这可以充分激发孩子们的热情，即使是最不愿意和你交流的孩子也会积极参与进来。如果忘了蛋糕该怎么做，我们甚至还会一起到网上搜寻相关视频。

如何缩减屏幕时间

　　这本书讲到太多屏幕时间的危险。但是我和身边的家长一样会过度使用屏幕。我成天和孩子们讨论如何健康使用屏幕，告诉他们屏幕

CHAPTER 12　第十二章　为什么家长也需要限屏

不应当占据生活的全部——现在他们也会对我说同样的话。

家长们需要对自己更加严格一点，必须缩减自己的屏幕时间，和孩子一起设定使用屏幕的边界。你可以要求孩子关闭电脑和你沟通，但是，如果你自己整天黏在屏幕设备上，孩子怎么可能和你沟通呢？

华盛顿大学的一项研究调查了249个家庭，孩子年龄在10~17岁之间。研究者的问题是，家庭中和科技相关的规则里，哪一条对他们最为重要。研究者询问孩子，他们希望自己的父母能够遵循哪些科技规则。

孩子们的答案是：

● 活在当下——孩子们觉得在某些情况下，比如孩子想要和家长说话的时候，家长不应当使用科技设备。

● 适当使用——家长应当减少使用科技设备，多参与其他活动，保持平衡生活。

● 开车的时候不能使用——家长们不应该在开车或者等红灯的时候使用屏幕。

● 不要说一套做一套——家长们说吃饭的时候不能上网，他们自己就必须能够做到。

孩子们还说，如果全家人一起制定和科技相关的规则，而且家长带头遵守，那么他们就会更容易做到。这些话不应当让我们感到惊讶。让我吃惊并且担忧的是，让家庭和家长听从这些理性建议，是一件非常困难的事情。

屏幕使用很多时候其实就是一种习惯。我们不断查看智能手机的行为多数情况下其实是无意识的。究竟有多少人陷在屏幕时间这个坑里出不来？你开始查看一条短信，然后，毫不知情地，一个小时就溜走了。使用屏幕设备意味着我们总是在同时执行多项任务。但是这不但没有实

限屏教育
UNPLUGGED PARENTING

际效果，反而还会降低效率。像平板电脑和智能手机这样的设备会对我们的睡眠和人际关系造成负面影响。我们宁愿发短信也不愿打电话。甚至在和别人面对面的时候，我们也往往不是全身心投入，而是一只眼盯着手机。

屏幕时间会分散我们的注意力。手机提示音总在不断地打扰我们。如果不及时查看，就会担心自己错过什么。我们都听说过 FOMO（fear of missing out，错失恐惧症）。这个词在 2013 年已经录入《牛津英语词典》。这个词恰如其分地描述出了一种心态：你总是以为自己的同龄人比你做得好，而你已经被排除在外。错失恐惧症的一个典型表现便是不断地查看社交媒体。

如果身边没有手机，我们中很多人都会感到焦虑。这种恐惧心理现在已经有了一个专门的词汇：无手机焦虑症（nomophobia，no mobile phobia）——担心无法使用手机而引发的焦虑。作为成年人，我们已经认识到，不仅仅是孩子受到屏幕时间的影响，我们也一样。

记录你自己使用屏幕的时间

记录一下你每天使用屏幕的时间究竟有多长。每次你检查手机、平板电脑和个人电脑的时候，都记得写下自己使用的时长。有很多应用程序，比如 Moment（苹果手机适用的时间记录程序）、BreakFree 和 QualityTime（安卓系统适用的时间记录程序）可以帮助记录查看手机的频率和时间，还可以查看你在哪些应用上花的时间最多。一旦你认识到自己在屏幕设备上用了（浪费了！）太多的时间，你就能有意识地努力减少浪费。

CHAPTER 12　第十二章　为什么家长也需要限屏

限制你的非工作屏幕使用

事先定下你打算上网的时间,然后在手机上设置好闹钟,时间一到就会给你提醒。或者使用应用程序来分割时间,阻挡来自屏幕设备的干扰。一些应用程序或者电脑软件,比如自由(freedom)和自控(self control),可以有选择性地阻断你想要阻断的内容和时长,帮助你更好地遵守日程安排。有的应用程序甚至允许你完全阻断网络。名为"保持专注"(Stay Focusd)的应用软件可以限制你在某些网站或者应用上花费的时间。一旦你用完了当天的预定时间,网站就会被阻断。

关闭提示音

你真的需要知道每一位朋友在脸书上发布的每一条信息,或者别人对你照片墙的每一条评论吗?无休止的哔哔声和震动会不断打扰你,刺激你查看手机,令你无法专注。

眼不见心不烦

把你的屏幕设备放到另外一个房间,或房间的另一边,或收进抽屉里。如果你看不到,或者不得不站起来拿取,那你就不会那么频繁地查看了。

改变设置

把手机设为静音、飞行或者免打扰模式。静音意味着你的手机不会发出响声,但是在接收到短信和电话的时候,依旧会发出震动,屏幕会发亮。苹果手机的免打扰(Do Not Disturb, DND)选项可以停止发送提示、警报和电话,手机不会发出噪声。你的手机还是联网的,可接收电话和数据,只是提示音被关闭。你还可以按照自己的需要进行个性化

限屏教育
UNPLUGGED PARENTING

定制，比如，处于免打扰模式时，你仍旧可以接收到某些号码——例如帮你照顾孩子的人，或者孩子所在学校。在飞行模式时，你的手机不能连接到无线网络或者任何网络，你将无法接听任何电话。

装载一个应用审查

时常检查并删除那些不再需要的应用程序。明确哪些是你实际需要的（比如谷歌地图、优步、银行应用），哪些是可有可无的（游戏、社交媒体、新闻）。你真的需要在手机和电脑上都安装脸书和推特吗？时不时地改变手机上所有应用程序的位置，在打开手机的时候，你就更有可能停下来想一想自己究竟要做什么，这样可以避免养成自动点击同一个应用程序的习惯。

添购手表或者闹钟

如果有闹钟或者手表，你就不需要总是通过手机来查看时间，也不需要把手机放在卧室来闹醒你。上床前一个小时就要关闭屏幕设备，把手机放在卧室外面，这样你就不会半夜醒来或者早上一睁开眼睛就查看手机。起床穿好衣服吃完早饭以后再去检查你的屏幕设备，你就能够以一种放松的状态慢慢清醒，开始新的一天。

允许自己无聊

坐火车、公交车或等约会的人的时候，与其无意识地拿出手机，不如坐下来享受这一刻。看看身边或者窗外，读读书看看报，注意身边发生的事情，或者和别人聊聊天。现在我们很少让自己感觉无聊，总是一有时间就去查看屏幕。一些专家认为，人往往在缺少持续刺激，甚至感觉无聊的时候，最富有创造性。

CHAPTER 12　第十二章　为什么家长也需要限屏

回归简单

如果你实在无法控制智能手机的使用，无法做到不去查看，那就干脆换成普通手机。普通手机不能上网，只能接收短信和电话。诺基亚最近宣布他们会重新销售自己的3310款，因为有不少顾客需要简易手机。

这些手机的好处是便宜，而且即使丢失也没有太大安全隐患（想一想你的智能手机上存了多少信息）。

制订屏幕时间计划

在本书前面几章里，我多次谈到给孩子制订一个屏幕时间安排计划。给自己也制订一个，只在一天中的某些固定时间里查看社交媒体和电子邮件，每天集中两三次回复所有短信（除非很紧急）。比起一收到短信就即刻回复，集中回复的效率高得多，可以有效减少短信给自己带来的干扰。

做一些不需要手机的事情

试着不带手机去做一些自己喜欢的事情，如参加瑜伽课或散步。

把虚拟世界换成真实世界

在和他人互动的时候，不管是和朋友吃饭还是在超市结账，不去查看手机。与其发送短信，不如和朋友约会见面，或者跟他们电话聊聊天。如果你在和别人谈话的时候电话响了，不管谈话对象是谁，都不要接电话。

分配无屏时段，在家里指定无屏区

在卧室和卫生间里不可以使用屏幕设备。我儿子总是带着平板电脑上厕所，这简直让我忍无可忍！后来定下家规，每个人都必须遵守，比

如吃饭、睡觉、孩子洗澡以及讲故事的时候,都不能使用屏幕。

加设繁复的密码

设定一个你能够记住,但是特别长(至少20个字符)且复杂的密码,最好包括数字和符号。每次解锁手机的时候都不得不输入这串密码,这会让你觉得麻烦,自然就会减少开机次数。

感觉冲动的时候深呼吸

如果你感到查看屏幕的冲动难以克制,那就试试闭上眼睛深呼吸,吸气3秒钟,呼气3秒钟。如果还是感觉冲动,重复深呼吸。

>>案例分析<<

丽莎是单亲妈妈,有两个女儿,一个7岁,一个5岁。孩子的行为让她难以应对,两个女儿经常打架,破坏性很强,难以控制。她感觉焦虑,担心两个孩子都患上了多动症。

疗程

我去丽莎的家里了解这个家庭每天的生活。孩子们发育良好,但是行为的确很让人恼火。她们早上拒绝为上学做好准备,也不好好用餐,常常半夜起床。丽莎说自己最近在家里上班,晚上要做大量工作,压力剧增。现在她不需要在办公室工作,便决定取消孩子们的课后托管,放学后在家里亲自照顾孩子们。

见到两个女孩子以后,我发现她们的打架和种种不端行为背后的

CHAPTER 12　第十二章　为什么家长也需要限屏

动机在于获取妈妈的关注。对于孩子们来说，获得关注，即便是负面关注，也比没有关注好得多。在好几次家访中，我和丽莎的谈话总是不断地被她的手机铃声打断，有时候她甚至会为了回复工作邮件而暂停交谈。我注意到，每次和她预约下个疗程的时候，她总是很难定下和我面谈的时间。然而她回复短信和电子邮件却很快。作为治疗师，我的感觉是很难找到她。如果我要见她都这么困难，那可以想象，孩子要得到她的全部关注会有多难。

干预

工作和数字设备已经成为丽莎日常生活的一部分。她意识不到自己的生活已经遭到入侵，导致孩子感觉受到忽视。当我们讨论这个问题的时候，可以想见她有多么内疚和难过。我理解她既希望尽力照顾好孩子，又想尽可能地挣钱养家的心态，我解释说，她的确是陪在孩子身边，但是女儿们却感觉她的心思并不在自己身上。在托管班的时候，她们得到了很多关注。现在呢？虽然放学后和妈妈一起在家里，但是妈妈总是忙着在电脑上工作。孩子们只能自己看电视。她们感觉不到妈妈的陪伴，于是开始出现各种不端行为。

如何才能让孩子们更容易接近丽莎呢？我们一起想了一些简单可行的办法。比如工作和家庭之间要有清晰的界限，让孩子每周上两次课后托管班，这样丽莎可以有更多时间集中工作。在孩子放学回到家里的几个小时内，丽莎就要关上电脑，把手机设为静音。我们还谈到要分别给两个小姑娘单独关注，学习怎样陪她们玩耍。孩子们的睡觉

限屏教育
UNPLUGGED PARENTING

问题主要也是因为她们想要获得妈妈的关注：她们在和妈妈的手机、电脑竞争，却总是一输再输。

丽莎开始给两个女孩安排各自的入睡常规，她们会分别洗澡，听妈妈讲故事。这些时间使得她有机会和孩子们聊聊一天中发生的事情，帮助她们处理令她们感觉困惑纠结的问题。

结果

开始这些小变动几周后，丽莎看到女儿们的行为慢慢改善了。进行两次入睡常规需要的时间更长，但是孩子们的睡眠得到改善，从长远来说给她节省了很多时间。在孩子上学的时间里，丽莎更加严格地安排自己的时间。这样到了傍晚时分，她就更加自由——等孩子们放学的时候，她可以关上电脑，陪孩子玩上几个小时。在孩子们上床睡觉以后，如果需要，她还可以继续工作。她也开始学着把手机设为静音，放在看不到的地方，降低查看手机的诱惑。这些改变很小，但是让孩子们感觉到妈妈在真心实意地陪伴自己，不再需要和数字设备竞争了。最后，丽莎获得更多的平静，整个家庭局面变得更加容易掌控，她也不再像以前那样为了工作和孩子而焦虑了。

 **危险信号**

● 孩子总是唠叨甚至挑战你的屏幕时间。

● 一旦离开手机电脑、电池快用完或联不上网，你就会感觉焦虑。

● 在孩子需要你的时候，你却总是在刷屏。这令你感觉内疚。

CHAPTER 12 第十二章 为什么家长也需要限屏

- 你无法做到在和他人谈话的时候不看手机。
- 吃饭时间一听到手机提示音,你就会忍不住去查看,甚至在餐桌上回复短信。
- 在和孩子聊天的时候,你也机不离身。你无法给予他们全身心的关注。
- 每天一睁开眼就去查看手机,睡觉前一分钟还挂在网上。
- 有时候还会半夜查看手机。
- 在和孩子谈话的时候,手机一响你就中断谈话去接电话。
- 陪伴孩子的时候,即使是在外面,你也机不离手。
- 坐下来等待的时候,你总是忍不住拿出手机来消磨时间。

解决办法

- 以身作则。你希望孩子怎么表现,你自己就要先做出榜样。如果你总是埋头玩手机,为什么孩子不可以?
- 为自己和孩子制定上网时间的规则,并和孩子一起讨论如何制定。你可以承诺在帮助他们上床入睡的时间里不去查看电子邮件,也不回复任何电话。问问孩子,他们希望你如何安排屏幕时间。
- 制定规则,全家执行。比如,餐桌上不可使用屏幕设备;晚上某个时间之后不可使用屏幕设备;预先确定好无屏时间。
- 让自己和孩子都养成良好的睡眠习惯,睡觉前不看手机——可以把它留在另一个房间充电,或者收进抽屉里。只要不在眼前,你就不会总惦记着。
- 每天在固定时间里查看和更新社交媒体,避免干扰家庭时间。

限屏教育
UNPLUGGED PARENTING

● 手机不能在卧室过夜。准备一个闹钟来唤醒自己起床。

● 来一个手机解毒日,看看一天不用手机会有什么样的感觉。

● 关闭所有不重要的提示音。每次朋友在脸书上的发布,真的需要手机发出哔哔声来提示你吗?

致谢

首先必须感谢与我合作过的所有家庭和年轻人,是他们把我塑造成为心理学家。从那些我有幸与之合作的年轻人身上,我不断地学到了新的东西。

感谢洛特、莉芙、伊兹的三人组合,你们是我工作的动力,助我成为自己。感谢你们成为我永远的小豚鼠,在你们的(和我的)生命里,表现出如此的耐心和智慧。

感谢我的版权经纪人,罗万·洛特和洛瑞·斯佳芙,谢谢你们的卓越协助。感谢我的出版商琳赛·伊凡丝的辛勤工作,把这个想法变成现实。感谢希瑟·比舍普牵针引线促成这个想法的实施。

最后,感谢我的家人和老朋友们,是你们让我的生活得以维系。没有你们,就没有现在的一切。感谢德比、爱琳、霍莉、凯仁、鲁泊特、维多利亚·C、维多利亚·D,还有奥利。

译后记

在哈佛工作的几年里发生了太多的事情。唯有一件小事,却始终鲜活地存留在记忆里。

那天正是吃午饭的时间。一位教授和一位本科生坐在一起,边吃边聊。不知道怎么就说到了电视,教授说:"我们家的电视机全部收了起来,要等孩子12岁的时候再拿出来。"本科生马上接口:"我一直到十几岁的时候,家里才让我看电视。"说完,两个人就好像找到知音一般欢笑起来,击掌庆祝。

这位教授从本科到医学和科学双博士,再到工作,一直在哈佛。那位毕业生则刚从麻省理工学院毕业,在这位教授的实验室里当技术员,为考医学院做准备。

美国的教授和学生在工作中有清晰的界限,但是在生活中却可以像朋友一样相处。对此我早已见怪不怪,让我感到吃惊的是两个人对电视居然抱着如此一致的态度。

等到后来我升级为妈妈,回想起这件往事,虽然不是特别明白他们为什么对电视如此抗拒,但也还是和先生商定,家里不可以摆放电视机。

电视机是收起来了,电脑手机还是照样用着。很快发现问题了。孩子们对电脑和手机的着迷程度简直惊人!他们可以盯着屏幕一动不动地看上很长时间,不管身边发生了什么都无法让他们分神哪怕一秒钟。每次拿出手机给孩子照相,他们都会吵着闹着要看,而且一看就没完没了。从孩子手里拿回手机简直就是一场战争!

孩子看电视是一个被动接收信息的过程,但是孩子们玩手机电脑是一个主动的过程。他们的小手毫无禁忌地在屏幕上点来拨去,很快就能找到规律。这种控制感显然是非常令他们着迷的。而且现在有那么多的学习软件,或免费或收费,都是针对孩子的年龄特点为他们量身定做的。看起来孩子们的确是通过把玩手机电脑学到了很多东西。儿歌视频看上几遍,孩子们就能跟着哼唱起来。一个小游戏玩上几遍就能过关。这些进步尤其让父母感觉欣慰。

手机电脑给孩子们带来了快乐,看上去也让他们学到不少东西。但是研究证实这并不能真正让孩子们掌握人生最为重要的技能,电子屏幕的正面作用并没有我们所期待的那样多。而因为其很强的成瘾性,还会对孩子身心健康造成难以想象的负面影响。

究竟应该如何正确处理孩子使用屏幕的问题?这其实是一个非常普遍的问题。在和微信群友们交流的过程中,这个问题被一而再再而三地提起。

"不给玩手机,孩子就哭闹,我该怎么办?"

"孩子不看电脑就不肯吃饭,有什么办法改变?"

"我儿子玩游戏的时候最专注!打断他游戏会不会破坏他的专

注力?"

"孩子通宵网游,视力下降太厉害!"

"问电脑可以做什么,三年级的小朋友们抢着回答说,打'荣耀'!玩穿越!"

"孩子很聪明,玩游戏水平那叫一个高,就是不肯好好学习。可惜了。"

……

手机电脑引发的家庭教育问题不仅仅是中国人专属。欧美等国家近年来对屏幕时间如何影响孩子成长早已进行了大量的科学研究,民间对屏幕时间的探讨更是如火如荼。生活在美国东海岸波士顿的我,很多次走进星巴克咖啡厅,都看到墙上贴着"如何正确处理屏幕时间"的聚会通知。几乎每一所学校为家长提供的家庭教育讲座里,必然会有至少一个和屏幕时间有关。

屏幕时间所对应的英文是 screen time。screen 就是指屏幕,包括手机屏幕、电脑屏幕、电视屏幕等等。所有查看使用屏幕的时间则总称为屏幕时间。

屏幕时间已经成为一个全球性的问题。然而每次和国内朋友说到"屏幕时间",总需要特别解释一下。屏幕时间这个概念在国内还远远没有普及开来。这种现状也让我格外担忧。

就在几个月前,出版商找到我,邀请我翻译一本书。这本书的作者是伊丽莎白·基尔比博士,一位来自英国的著名的临床心理学家。这本书总结了她20年的临床工作经验,从多个方面深入浅出地分析了屏幕时间对儿童（包括多动症和自闭症孩子）的影响，包括身体健康、心理健康、社交技能培养、人身安全、家庭关系等等。伊丽莎白·基尔比博士更是从现实角度出发，指导家长们如何理性面对和处理孩子玩手机电脑的问题，具有非常强的实用性。

　　翻译这本书的过程，其实也是我自己学习和实践的过程。我按照伊丽莎白·基尔比博士的建议来处理自己两个孩子（女儿5岁，儿子3岁半）的屏幕时间问题，果然十分有效。

　　以前我做饭或者休息的时候，会给孩子们打开平板电脑，只求他们不要来打扰自己。但是每次要求他们关闭电脑的时候，总是难以避免地引发抗议和哭闹。好不容易收起来，他们的脸上总是一副困倦无聊的表情，两只眼睛毫无光彩。

　　认识到这个问题的严重性之后，我开始更加严格地限制孩子们的屏幕时间。现在我做饭的时候就让孩子们自己玩，每次他们都非常投入。有时候假装自己是大章鱼；有时候假装自己是小仙女；有时候邀请恐龙公主野餐；有时候举办音乐会，一边用筷子敲击碗，一边唱歌；有时候则会要求我放音乐，给他们自创的纯自由派舞蹈伴奏；有时候姐弟俩还会各自捧着书安静地翻看，或者互相讲故事。等我做完自己的事情，他们总会欢呼雀跃地围过来，双眼闪烁着光彩，小脸蛋绽放出丰富的表情。

　　在我们这一代成长的历程中，电视机从奢侈品逐渐成为必需品。手机、电脑从无到有，更新换代越来越快。就在几年前，我们还没有听说过微信，现在却已经无法想象一天不用微信的生活。屏幕让我们的生活发生了如此巨大的变革，同时也给我们带来了极大的困扰。如何才能在享受屏幕带来的便捷的同时，最大程度地降低屏幕带来的负面效应呢？

　　限制屏幕时间，改善家庭教育，或者简称为"限屏育儿"，便是伊丽莎白·基尔比博士带给我们的答案。

　　除了现实有效的办法，伊丽莎白·基尔比博士还在书中介绍了大量育儿科学。她用浅显易懂的语言给大家解释了许多心理学专业词汇，比如说，"内在运作模式""潜伏期""超专注""游戏转移现象""心理力"等等。伊丽莎白·基尔比博士基于这些科学知识给出的答案，让我深为信服。

　　伊丽莎白·基尔比博士在这本书里凝聚了20余年的学识和工作经验。能够成为本书的译者，我感到非常荣幸。

　　衷心希望这本书能够帮助您更加客观准确地认识屏幕时间，帮助您的孩子在瞬息万变的数字社会中，高质量完成潜伏期的准备，顺利度过青春叛逆期。